感谢上海市嘉定区社会建设工作办公室

感谢上海研究院的经费支持

感谢张文宏老师在地团队的协助调研

社区营造专业教研书系·本土案例系列

学委会成员

李培林　李　强　王　名　谢寿光　罗家德　周俊吉　沈　原　蔡　禾

编委会成员

罗家德（执行主编）　童根兴　梁肖月　谢蕊芬

社区营造专业教研书系

本土案例系列

睦邻·自治·社区治理

上海嘉定区案例集

GOOD-NEIGHBOURLINESS, SELF-ORGANIZATION,

AND COMMUNITY GOVERNANCE

Cases from Jiading District, Shanghai

曾凡木　赖敬予　主编

社会科学文献出版社

SOCIAL SCIENCES ACADEMIC PRESS (CHINA)

代序　实现社区类型化，实验可复制、可推广*

李培林

　　台湾地区大约有 4000 个社区营造案例，成功的只有 20% 左右；在中国大陆，有 50 万～ 60 万个农村社区、9 万多个城市社区。把这些社区建设好，是使社会长治久安、人民安居乐业的重要事业。

　　近年来，我国学者开展了大量社区建设方面的实践和探讨。希望通过学者的努力，对以往的经验加以总结，在理论提升的同时，在学术上和实践上将案例打磨成优秀经验，实现社区类型化的目标。如何将社区类型化，是我们需要考虑的课题。比如，改革开放前的城市社区，基本分为街区制和单位大院两种类型。现在社区类型五花八门，如何用几种基本的类型将其概括，使社区具有几大类型的一般化特征，需要更高层次的理论提炼，进而可以将其复制并推广，在实施中产生良好的结果。

　　如果社区实验的结果，学者认为是有意义的，居民认为改变了其生活，政府觉得做得很好，就达到了学术研讨的目的。

---

* 　代序为中国社会科学院李培林副院长 2016 年 3 月 19 日在"第一届行动－干预社会学——主题：社区实验"研讨会议上的发言。

罗家德

现在全国都如火如荼地在做社区治理实验，各地依据中央的精神也都强调培育社区社会组织，把"输血"型的社区服务变成"自我造血"型的社区服务。社区治理建基在自组织治理理论之上，这是信息时代复杂社会中最重要的一种治理模式。

对于西方所称的社区复兴（community revitalization），中国已有了自己新的实践，有的称社区建设，有的称社区治理，还有的称社区活化或社区营造，其实这些都是一个全世界共同的现象。在工业化社会之后，人类进入了后工业社会，进入了社会转型阶段，现在更为固定地将其称为"信息化社会"或"复杂社会"。进入复杂社会后，社会已经复杂到不再是靠由上而下的层级制就能够把事情想清楚；于是就产生了政府引导、民间自发、NGO 帮扶，从而能够使社区自我组织、自我治理、自我发展，并在实际上解决目前我们称为最难解决的 N 座大山问题，包括社区环保、社区医疗、社区金融、社区市场、社区养老、社区育幼等，在此过程中逐渐让社区自组织来解决社区问题。

自组织在社区中就是社区社会组织，其功能不再是由上而下的管控，而是由下而上产生了很多子系统，这些子系统具有共同的愿景、共同的目标、共同的行为规范，最后形成了分工协作体系。子系统可

---

* 序为罗家德教授 2016 年 3 月 19 日在"第一届行动 - 干预社会学——主题：社区实验"研讨会议上的发言。

以通过自我治理和自我发展的过程，形成自治理机制，进而能够形成整个系统的自我管理，以及靠着它们之间的协商，形成整个系统的自我演化。

我们在过去做过的研究中，发现中国是一个能人社会。因此在整个自组织的过程中，在一个社区中，一定要找到外部能人、内部能人。要靠自上而下的力量，即政府力量，进行协商，透过能人的关系动员，形成小团体的凝聚，树立良好的社会规范，形成良好的社会认同、社区认同、社区规范，最终形成所谓自治理的信任机制、互惠机制、监督机制，以及各式各样的正式的法规和非正式的规范，要让这一社会子系统，能够自我治理，进而得到可持续的发展。

这正是社区营造的理论基础，也是新时代社会治理创新的真义所在。

导　言

一　社区营造的热土

　　上海历来是中国诸多改革政策的试验田，对推动改革起到巨大作用。而作为上海卫星城的嘉定区，在当前社会建设和改革方兴未艾之时，同样有许多先试先行的创举，尤其是在社区营造方面积累了丰富的经验，也为嘉定区、上海市甚至全国后续的改革提供了可供借鉴的经验。嘉定区位于上海西北部，20 世纪 50 年代末，被命名为"上海科学卫星城"。随着社会的发展、经济的转型和城市化进程的加快，嘉定区人口迅速增长，社会管理任务加重，2000 年区委、区政府根据社会发展的需要，成立了嘉定区地区管理办公室，主抓全区的社区建设和管理工作，这从全国的社会建设工作来看，也是比较超前的。多年来社区建设工作的开展，使嘉定区积累了丰富的经验。2007 年，因社区居民的需求，基层街道开始试点"睦邻点"建设，旨在让陌生的邻居熟悉起来，让疏远的邻居亲近起来，让寂寞的楼道热闹起来，让困难的邻居幸福起来。经过两年的试点探索，"睦邻点"建设取得了一定可供借鉴、可复制的实效。2009年开始，嘉定区通过召开全区推广大会，在全区全面开展了"睦邻点"建设。2013年起，全区以"睦邻节"活动把全年的睦邻活动联结起来，进行资源的整合和各方的互动，吸引了更多的人参与进来。本活动至今已举办五届，取得了良好的社会效应，在全区居民和社区工作者中都有良好的反响。

在"睦邻点"建设的基础上，嘉定区启动了社区营造的工作，社区营造的核心是要达成协商社区治理。而协商社区治理就是以社区内协商式民主的方式促成社区多元治理，旨在培育出能够自我"造血"的多种多样的社区组织，以自发组织社区内的安全、卫生、环境等社区服务，甚至社区公共资源及社区经济发展等工作，由政府或外界"输血"转化为由基层政府或社区承担。多元协商平台有由上而下的基层政府力量，有平行移入的社会组织力量，也有由下而上的社区自组织力量，但后者需要培育才能茁壮，并非放任不管就能自发产生。因此，协商社区治理需要一个培育社区自组织的过程。

二　嘉定睦邻点、睦邻节的发展

睦邻点的建设最早是从嘉定镇街道开始的。嘉定镇街道位于嘉定区的老城区，现有户籍人口6.7万人，常住人口近10万人，其中60岁以上的老年人口占户籍人口的1/3，老龄化程度和老年人口绝对数都是全区之最。睦邻点的建设，也是为了响应老龄化所带来的众多老年人口的生活需求。2007 年，一对空巢老人找到居委会，主动提出要在自己家中设点开展邻里活动，居委会积极支持并给予鼓励。嘉定镇街道则从这件小事看到一个契机，顺势而为，搭建起一个创新的载体—— 睦邻点。2009 年嘉定区地区管理办公室在嘉定镇街道召开现场推进会，并在全区进行推广。截至 2016 年底，嘉定区陆续培育出 2082 个各类的社区睦邻点，平均每个社区 10 个。据不完全统计，嘉定辖区每天有超过 30000 名居民走入睦邻点开展活动，活动内容涉及聊天议事、读书讨论、健康养生、书法绘画、矛盾调解等 10 多项。嘉定区不断推进睦邻点建设，建立了小区层面的"睦邻点"、社区层面的"睦邻沙龙"（由各睦邻点负责人组成）、街道层面的"睦邻会所"（由各社区"睦邻沙龙"负责人组成）和区级层面的"睦邻联盟"四级枢纽型管理体系，进一步深化和拓展了睦邻点建设。

这一建设得到了居民的支持，居民原有的需求进一步被激发出来，更多的居民走出自己的家门，走进这些睦邻点，打破了城市社区原来作为陌生人社会的沉寂，社区中的居民间有了更多互动的机会，建立起了关系，逐渐发展出信任、互惠，进而使小区开始有更多熟人社的特色，冲淡了现代社区偏冷的底色。居民们在睦邻点上交流、沟通，最关心的问题从满足自身生活精神需求的事项渐渐地转向关注社区的公共事务，如社区养老问题如何解决、小区内的文化活动如何开展、社区卫生如何改善等，逐渐发展起一些具有社区自组织特色的小团体。作为草根自组织，睦邻点不仅为社区治理创新开辟了一条新路径，还通过培育和弘扬睦邻文化，在营造新型邻里关系以及调动居民参与社区治理的积极性方面发挥了巨大作用，推进了社区治理新途径和着力点的探索。

为了使睦邻点比较常态化运作且便于管理，认定睦邻点的工作也随之开始，如经常参与的人、主要活动地点、睦邻点的负责人等。每次活动会由负责人简单记录一下，每个居委会也会有一个名册。睦邻点的形成有两种方式：其一是社区中自发形成的睦邻点，这些多是基于兴趣爱好而形成，大家相互投缘而在一起活动；其二是社区居委会提供充分良好的活动场地，号召大家走出家门，到公共场所来活动，而逐渐形成睦邻点。比如有个戏曲睦邻点是设在车库里的，因这里有一对老夫妻很喜欢戏剧，他们就自己买了很多光碟，天天在车库里面播放。附近有一些居民可能也爱好戏曲，就会慢慢到他们那边去，大家一起听，听完一起唱。那些光碟全部都是他们自费购买的。这群人逐渐就比较固定了，人也挺多了。居委会认为他们相对比较成熟了，就会给他们做一个简单的介绍，工作人员为他们设计一张表格，只要有活动的时候简单记录一下时间、地点、曲目，一个睦邻点便相对正式化地运作起来了。

睦邻点本来就是大家兴趣爱好一致，慢慢走到一起而形成的，可以是自发的，可以是居委会发现有需求而慢慢组织起来的。一些睦邻点在不断发展壮大之后，会更加规范成熟，条件合适的情况下，便可以发展成为一个群团组织，即社区内的自组织。如一些舞蹈团体，便是由最初的睦邻点发展起来，最初并没有想到要组织一支队伍，而只是大家到这里来交流、跳舞、放松。有的舞蹈队自己觉得跳得还不错，便购置了统一的服装，然后向居委会咨询相关的比赛事宜，让她们的团队可以去参加。

在这些群团组织逐渐发展之后，居委会通过积极引导，组织培训，使这些群团组织走向专业化，更上一层楼而成为"专业委员会"，之后更进一步发展成为社会组织，还可以登记注册，能够开展更为专业的服务，也可以为其他未成熟的群团组织开展提供一些培训业务服务。

在区、街镇、社区居委会对社区自组织进行有效引导的时候，区级层面则通过公益基金会对备案的社区睦邻点进行拨款加以扶持培育。

在睦邻点的建设非常成熟之后，嘉定区将各个睦邻点分散的活动整合为贯穿全年的、互动的睦邻活动，用睦邻节开幕式和闭幕式来串联全年大睦邻活动，并在2013年举办了第一届全区性的睦邻节活动。睦邻点的开设是要动员居民从家中出来，使居民能够熟络起来。很多小区居民日常都有时间参加活动，但保持睦邻点的热络的仍然是老年人，其他年龄段的人参与较少，尤其是年轻人参与更少，因为他们闲暇时间较少，且有自己的活动方式。如何提高睦邻点的居民参与度一直是大家考虑的重要问题，因为年轻人有更充沛的精力、更新鲜的想法，能为社会治理提供不一样的力量。睦邻节的举办采取一些新颖的活动并广泛宣传，可将各个年龄段的人都吸引过来，并能将原来相对隔绝的睦邻点串联起来，形成睦邻点之间的联络机制，在人员之间搭起桥梁。睦邻节一般是在年初由一个街镇承办开幕式，年末由另一个街镇承办闭幕式，在开幕式和闭幕式之间的这段时间，区级层面、街镇和各个社区围绕不同的主题举办各种形式的活动。这种安排可以通过多样化的活动将不同人群充分动员起来。

睦邻节的举办，嘉定区社会建设工作办公室是主办单位，街镇层面的政府、社会组织等是协办单位，社区居民参与活动。很多睦邻活动是居民自己来举办，居委会、街镇只是搭建平台。社区自组织一直都参与睦邻节的活动，2015年第三届睦邻节在大睦邻的概念上探索了社会组织的参与方式，效果不错，区级层面的睦邻活动有多家社会组织积极参与。

围绕睦邻活动，区、街镇和社区年初就开始制定符合自己特点的睦邻活动工作方案，对活动主题、活动内容、活动日程、活动要求都进行详尽安排和规划，并在制定方案的过程中走访居民群众，且通过睦邻点深入了解居民在改善邻里关系等方面最期盼的和最需要的活动形式和内容，还就活动如何开展征集意见和建议。睦邻节活动开展过程中，有的居民全程参与，社区群众参与度高，这成为社区睦邻节的特色。而这些形式多样的睦邻活动，也能不断融洽邻里关系，增进邻里感情，提升社区和谐程度，引导社区居民养成健康的生活方式。

以第三届睦邻节为例。第三届睦邻节在2015年4月26日举办，开幕式由嘉定新城（马陆镇）承办，其内场的舞台呈现方式，其实等于是给所有居民讲一个故事，就是在我们眼中什么是睦邻。这样可作为一种号召，作为一种引领。外场是居民的互动活动，把通过征集得来的一部分睦邻点制作的手工艺作品、文艺演出节目、图片等，拿出来在外场进行交流和展示。外场的展台是由众多的居委会来布置的，居委会邀请所属的居民来展示睦邻的成果，其中包括很多社区自组织

的一些成果。基本上每个社区当时都带了两三种作品。有一些居委
会，还根据他们自己社区的特色来展示一些东西。例如，一些团队带
来的很多串珠、手工小作品，其实就是他们的群工团队在平时活动时
做出来的，睦邻节的开幕式给了他们一个展示成果的机会。比如，老
社区针织的东西比较多，他们也会将这些针织的东西送给社区的弱势
群体之类的，以前还给保安织过红围巾。一些原来的乡村社区有老布
的工作坊，他们会去乡宅的各处，将传统的花纹颜色挑出来，制作成
现在用的一些钱包或者旗袍。所有的衣服都是他们手工制作的，主办
方为他们的针织作品提供了一个衣物展示架。

　　这种开幕式成为自组织发展过程中的一个成果汇报展的契机，在
展示过程中不断与其他团体进行交流互动。在这个展示平台上，我们
应该进一步调动这些自组织的积极性，鼓励其发展。例如，可以在这
些平台上开始进行一些公益微创投项目的评选，这样便能够给一些较
为优秀的自组织提供一定的资金，助其更进一步发展。在自组织进一
步走向成熟的时候，政府和社区居委会便积极引导这些团体参与社区
公共事务的议题。为了促进其进一步的发展，应该引入民间型社区营
造型社会组织，进一步增加对这些社区自组织的培训，丰富嘉定区发
展社区自组织的经验。

三　社区营造土壤的培育

　　睦邻点建设和睦邻节活动为推动社区营造的发展提供了沃土。睦

邻点在发展过程中逐渐成为一个自组织的团队。在此过程中，睦邻点涌现出一系列有能力、有关怀心的能人。还有很多睦邻点走出了只是自娱自乐的阶段，参与到了社区公共事务的治理中。如曹王社区的客堂汇便是从一个睦邻点发展起来的。其负责人丁阿姨是一位非常有责任心的人，她还主持了丁阿姨工作室。该工作室最初是为暑假来嘉定区看望父母的打工者的子女设立的，后来逐渐发展成一个综合性平台，能够为社区开展丰富多样的服务。

全区范围的睦邻节的举办为大家提供了一个展示和交流的平台，这些自组织能够将自身开展社区营造的成果在这个平台上展示。这一方面是对自身的宣传，是嘉定更多社区的居民自己在做的公益事业，是传播正能量；另一方面也是推广自身的经验，使更多的社区能了解他们开展工作的方式方法，让其他社区的居民也能按照这套操作方法在自己的社区中实践，使这份事业能在更多的社区生根发芽。这个过程也是睦邻节的核心理念"睦邻友善"传播传导的过程，而自组织也在此过程中不断生根、发芽、成长、传播，社区营造的氛围也在此过程中不断培育，逐渐形成。睦邻节还会从各个社区中推选出"睦邻达人"，这些睦邻达人有很多便是社区中的积极分子，也是通过睦邻点发展起来的自组织的能人。这个评选过程也是从社区内部挖掘能人的过程。挖掘能人是社区营造的第一步，也是自组织的第一步，将这些能人挖掘出来，使他们能承担并推动社区里的一些事情，社区营造的工作便成功了一小半。睦邻节上评选出这些睦邻达人，并对他们进行表扬和鼓励，也是为了激励更多的自组织能人参与到社区营造的活动中来。这些能人在睦邻点的基础上推进了自组织的形成，在睦邻节上也以睦邻团队的形式展现自己的活动，促进了全区范围内自组织参与社区治理氛围的形成。

四　自组织与社区营造

嘉定区从 2015 年开始协商社区治理的实验。协商社区治理便是通过社区营造的手段，把社区内的居民通过自组织的方式联结起来，能够对社区中的公共事务形成参与、议事的能力，逐渐形成自治理的能力。在此基础上，社区内的自组织通过更规范的能力建设，参与到与政府关于公共事务的协商过程中，形成良好的政社协商的机制和平台，从而形成有效多元治理的机制。

自组织的第一步就是要问是什么样的关系使得一群人越聚越密。在中国这样一个关系社会中，自组织能否发生的关键不仅在于社区自身是否拥有基本的社会资本存量，也在于"是否存在一个或若干个民间领袖或精英"，这类精英"出于社会地位、威望、荣耀并向大众负责的考虑，而不（仅仅）是为了追求（个人）物质利益"，承担起带头人或主持人的角色。社区能人能够有效地影响社区内其他成员的态度和行为。能人现象不是中国独有，其实任何一个小团体的长期合作行为的产生都会有一个关键群体，普通成员之间的关系相对影响较小，更重要的是关键群体与被其动员的成员之间的关系情况。当关键群体位于社会关系网的中心位置时，其便更容易通过私人关系影响其他组织成员加入到集体行动中来。"能人现象"证实了费孝通所说的中国人个人中心差序格局人脉网，能人一定是在自己的人脉网中开始动员，动员过程经常就是一个能人带动了一群小能人，小能人又动员自己的人脉网。一个团体就在这样滚雪球的过程中慢慢扩张，逐渐成形。

此外，在社会关系网络中如何以社会认同为基础进行自组织的动员，亦是自组织形成过程中非常重要的一环。中国圈子现象特别发达，不是说西方没有，只是中国在这方面卓有特色。费孝通提出，中国人的关系结构是差序格局的，而西方则是团体格局的，中国人的自组织是一个以自我为中心的人脉网，而这个人脉网的运作十分强调"动员"。东西方的动员机制差别很大，西方的动员一般是从性别的、阶级的、年龄的、社会地位的团体中寻找认同感；而传统中国却不同，宗族、乡亲、地缘性商帮等都可以成为自组织动员的认同基础。此外，中国人的社会认同是可以创造的，甚至连宗族都可以是自造的，进而以创造性认同为基础进行自组织的动员。

在自组织的架构中，我们还可以看到，社区的外围环境也被包括进来，尤其是制度环境及政治环境。一方面，外在的制度会决定社区自治理中的元规则，外在的规范也会形塑自组织内部的规范，使之与社会普遍的要求趋同，以取得合法性；另一方面，党组织深入社群形成了垂直权威与社会关系逻辑的重叠，外在政治权力也在基层组织中发挥了极其重要的影响。社区体制内精英的政治身份有利于取得政府在资源分配中的"照顾"，自组织可以通过政治精英的中介作用从上级政府或其他社会组织那里获得自身发展所需的外部援助。但是，外部体制赋予社区领导者的权力资源既可能促成自组织的起步与维持，也可能对社区自组织的进一步发展造成障碍。

监督机制也是自组织治理的重要一环。自组织治理主要是参与人达成共识后，根据其已有的信息自行设计资源利用与管理的制度规则。已有的监督和制裁往往过于依赖外部强制，却忽略了组织内社会资本所发挥的监督作用。因此，构建基于自组织的监督机制以及社会资本如何影响监督与制裁的有效执行，也是自组织治理建设的一部分。

社区自组织不是凭空、自发就能产生的，需要当地政府与外界力量合作加以培育。本书基于嘉定区政府过去的一些实践做法，以协商社区治理的观点加以分析，使我们可以看到其过去的成果，现在正在进行的工作的意义，以及对未来工作的改善建议。

社区营造的过程主要分为两个阶段，包括自组织形成阶段和自治理阶段。其中，自组织形成阶段主要包括寻找能人、动员关系、形成小团体、建立乡规民俗、形成小团体结构、建立认同等环节，这是社区营造的初始阶段。在此阶段，自组织逐渐形成，并围绕其初始目标开展活动，完成一系列的步骤，小团体的活动逐步进入正轨。有些自组织在此阶段已能开展一些公共服务，但也有一些自组织在此阶段更多只是组织一些自娱自乐的活动，这些通过自组织的形式开展的活动能将更多的居民聚拢起来，在社区中形成一股活跃的力量，活跃了社区气氛，培养了大家参与社区事务的意识。而自治理阶段则是自组织扩大的阶段，本阶段组织的规模开始扩大，开始从一些自娱自乐活动或单一的服务扩大到能够提供更加广泛的服务，而且此阶段开始形成一系列的自治理机制，如信任机制、声誉机制、监督机制、互惠机制。在自组织的发展阶段，不同的要素起到不同的作用，一些要素在其发展中的缺失会使自组织发展停滞不前，甚至可能会导致其失败。

嘉定区在推动社区营造之前已经有睦邻点和睦邻节，这使得居民们走出家门，建立起融洽的邻里关系，形成了浓厚的"睦邻"文化，推动了社区认同的建立。这些都为在社区营造中起到关键作用的自组织的发展提供了重要基础，因为这些要素构成了基础性社区社会资本。社区社会资本高的社区在自组织发展的能人动员、认同建立、小团体形成、规范建立等阶段都有着天然的优势。

嘉定过去的睦邻文化为自组织的发展提供了丰厚肥沃的土壤。从目前的发展来看，培育发展睦邻点是将这个土壤培育得更好，而社区中自然会有一粒粒社区营造的"种子"被播下，并在这块土壤上自由生长。后续的睦邻节的举办更是为这些"种子"的成长提供了更广阔的天地，给了自组织更大的展示舞台。不同自组织之间能有更多的交流机会，而不是止步于本社区甚至本小区的发展，能从其他社区的自组织的发展中吸取更多的经验，来为自己的成长创造条件。同时，睦邻节的举办，也在不断鼓励这些社区自组织的"种子"参与到社区的公共事务中，而不仅仅是组成一些自娱自乐的团体。但社区营造并不应止步于此，因为种子和小苗的成长需要土壤，也需要更多的阳光、雨露、肥料，而不只是放任自组织自由生长，应给予其更多的辅导、培育、引导。只有经历此过程，才能使这些小苗能成长为小树，自组织发展才能顺利，并形成一些治理机制，为居民开展一些服务；才能使小树成长为大树，能够相对独立地发展，并发展出完善的治理机制，为社区里更多的居民服务，甚至能为社区乃至街镇之外的更多居民服务。这些小树逐渐长成大树之时，也就是很多大树形成树林之时。到那时，社区营造便可在嘉定区叶茂林深。

新上海人俱乐部
——工业区福蕴社区

一 福蕴社区介绍

福蕴社区地处嘉定工业区南片,是一个拥有 3022 户住户的大型社区。辖区范围内包括南苑四村、南苑八村、南苑九村、南苑十村、右岸嘉园五个小区。南苑四村、南苑八村、南苑九村、南苑十村四个小区是在 2000 年工业区范围内的征地拆迁后还建形成的小区,因此小区历史并不算长,小区居民从乡村农民转化成城镇居民的时间也并不长。而右岸嘉园小区是在 2009 年建成的新式小区,买房者多是嘉定城区和上海市区的人。

福蕴社区党总支共有在册党员 128 人,其中退休党员 64 人,在职党员 64 人(有在私营企业、外企工作的,有自己开网店、办公司的),其中户籍不在本市的新居民党员 5 人。

二　社区需求——新上海人社区融入

全社区占地面积 172735 平方米，建筑面积 271618 平方米，共有 3022 户，常住人口 8200 余人，其中来沪人员 1208 人（租赁房 349 户、自购房 365 户）。随着时间的推移，这个数字还将不断增加。新居民大致分为两类：一是改革开放后，其他省市来上海工作并取得上海户口的第一代人；二是改革开放后，在上海有稳定工作的无上海户口的外省市人员。这些居民是否融入本社区，对城市社区治理而言是一个重要问题。仅 2016 年，一年 90% 以上的邻里纠纷都是因租房人员使用设施设备不当导致漏水、深夜噪声、卫生等问题引发的，也因此凸显出对这一群体进行社区服务的重要性。

社区认同感和归属感是衡量整个社区整合和群体融合的重要指标，只有当新居民对所居住的地区有较强的认同感和归属感时，才能说他们比较顺利地融入了社区。尽管新居民中有相当比例的人是长期工作生活在社区，他们已经成为社区不可分割的一部分，但在很多新居民看来，社区依然是"外在的"和"他们的"，而并不认为是"我们的"。作为嘉定工业区最大的一个社区，福蕴社区要真正实现更良性且可持续的社区治理就不能忽略新居民这一重要群体，要从根本上实现新居民"入住社区、融入社区、建设社区"。

福蕴社区从双向融入、自我管理、自主参与角度，引导新居民共同参与到社区事务中来。从 2010 年开始先后建立了"社区志愿服务社"、外来媳妇"彩虹家园"、"新嘉定人俱乐部"等平台，"新嘉定人俱乐部"下设"新上海人合唱队""社区论坛""志愿服务队"等载体，为新居民这一群体与常住居民之间搭建起了沟通互动的桥梁，创建了一个良好的社区沟通服务平台，也为新居民党支部的成立打下了坚实的基础。

三　社区能人——莫洪亮

莫洪亮是来自"天府之国"四川绵阳的新上海人，从成都电子科技大学毕业后，选择到上海打拼，目前就职于嘉定的一家公司。2012年，他刚在上海安顿下来，便将他的党组织关系转到福蕴社区党总支部。社区居委会问他是否愿意做社区志愿者，热心的莫洪亮自然愿意，自此结识了新上海人的志愿者，加入了新上海人志愿者的行列。

孙越原是福蕴社区第29楼组块区的居民，俗话说万事开头难，一开始到嘉定找工作到处碰壁，父母说"要不还是回老家发展吧"，他不甘心，觉得年轻人还是要拼一把。后来，他找到了工作，结识了爱人，开始对这块土地有了了解，建立了感情。在嘉定这片土地上收获了爱情，建立了家庭，与爱人共同创业，成为一位地地道道的上海女婿。2009年搬到福蕴社区，一天有人敲门，他开门一看原来是他们这幢楼的楼组长，她拿着一张表格说是要登记人口信息，当看到他在信息一栏中写上了党员时，她马上跟他说："小伙子，多来参加社区活动，做做志愿者。"就这样通过楼组长这扇窗户，他逐渐了解了福蕴社区，认识了福蕴社区的社工们。

尹琦是南苑八村第 10 楼组块区居民，每天过着朝九晚五、两点一线的生活。"新上海人志愿服务队"成立后，他开启了 8 小时工作之外的生活模式。

四　组织成员过程——新上海人聚起来

新居民俱乐部是由 16 个人组成的团队，这支 16 人团队成员是在社区书记组织的一次合唱节目中认识的。在此之前，社区书记希望能将社区中的年轻人聚在一起，组成一个合唱队，合唱队共 8 男 8 女。在合唱活动之后，合唱队 16 人基本熟悉了，虽然后来有人在别的地方购房定居，但也都一直保持联系。当时的 16 人建立了 QQ 群，后来更多的新居民、社区工作者等都参加了，围绕新居民关心的话题形成了一个网络平台，平台上有房屋租赁信息、单位招人信息等。目前这个 QQ 群由社区一个社工来负责管理。经过了合唱活动，队伍仅有的 8 个男生经常聚在一起喝酒聊天，形成了一个较熟悉亲密的圈子，他们 8 人又建立了微信群。大家时常在线上线下联络，无话不谈，对彼此的生活与工作越来越知根知底。

后来这 6 个有活力的年轻人希望能在社区开展一些志愿服务。2011 年初期，主要是看望老人、捐钱捐物，其中重点是看望社区里的几个孤寡老人。传统佳节元宵节前一天，在莫洪亮等人的带领下，"新嘉定人俱乐部"成员带着自己的子女一同到社区独居老人和新居民突发性困难家庭入户慰问。外来务工人员叶先生因楼上漏水，整个房间渗水严重，家变成了"水帘洞"，影响了其正常生活，夫妻俩情绪十分激动。莫洪亮等人的上门走访，不仅安抚了叶先生夫妻俩的情绪，缓解了矛盾，还互留了QQ号，为"新嘉定人俱乐部"增添了新成员。

活动开展一段时间后，社区书记知晓了这支团队，同时了解到团队有几个人是党员，便推动成立了党支部，后来改名为"俱乐部"，但仍以党员为骨干。在他们6人发出倡议后，福蕴社区成立"新上海人志愿队"。自2011年成立以来，共招募成员36名，年龄在23岁至45岁之间，成员大多有较高的文化水平和专业技能，如从事教师、医生、法律工作、电脑培训、美容美发等职业，成员能充分发挥自身特长和资源优势，并具有一颗乐于奉献的心，能尽心尽力地为社区居民服务。到目前为止，参与者和服务对象都还限于本社区成员，曾有成员提出将服务扩大到工业区以及更多的外部社区，但后期经过讨论，认为由于目前大家更多是靠业余时间开展服务，因此尚未有足够的人力和精力服务更多的社区。

（一）分享经济

后来志愿队成员觉得年轻人应该发挥所长，即从分享经济理念开始，其实这也是分享自己掌握的知识，以网络分享为基础将要买的通过网络买到，将要卖的通过网络卖掉，以网络为手段解决生活中面临的一些问题。最早由尹琦发起，孙越出点子，莫洪亮提供技术支持，由于莫洪亮的计算机专业背景，网络技术对他而言不是问题。由于电子商务最早在中国兴起时，孙越便已经开始接触新生事物，对网上交易模式较熟悉。于是，他们便开始利用网络载体，在社区中以分享经济的方式做公益。他们教老人如何使用电脑和手机网络，如何通过手机支付来交话费、水电气费，如何在网络上购物，如何售卖手工艺品、二手货等。有人担心自己的资金安全，孙越便提出可以为老人新开一个账户，存入少量资金，开通支付宝与微信，这样既防范了大额资金被骗取的风险，同时又享受了移动支付带来的便利。

本社区的新居民较多，而大部分新居民由于现实情况尚未有足够的财力购房，因此租房对新居民而言是一件城市生活必须面对的事情。莫洪亮便想到利用网络发布几个小区的租房信息，从而能以较低成本联络房主和租客，从而大大降低双方的搜寻成本。起初，房屋信息大多发布在一些论坛上，后来移动互联网兴起，为了让大家更加便利地从手机中搜寻租房信息，莫洪亮提出将这些东西转化到福蕴社区的公众号上，而福蕴社区公众号的网络架构也是由他搭建，这是嘉定第一个社区级别的公众号。一个集咨询、互动、服务、信息发布为一体的"掌上社区"诞生了，它能有效地缩短居民与居民、居委与居民之间的距离。社区一系列楼组自治项目的开展，还得到了工业区的经费扶持和福蕴社区居委会的支持，而社区公众号也得到了支持。这个公众号的技术维护由莫洪亮负责操作，而更新信息则由社区相关工作人员负责。由于公众号内容新颖丰富，传播效果较好，因此被别的社区负责人关注，他们找到莫洪亮，希望以项目的形式请他搭建社区公众号的架构，这样他的生意就来了，后来越做越大，逐渐有人愿意投资他。其实也可以说，他是借服务社区这个机会充分展示他的能力，进而能为人所知。帮助别人就是帮助自己，愿意帮助别人的人不会吃亏。

（二）义卖

2012 年终时，新上海人志愿队举行规模较大的年终义卖，由这 6 个人负责组织，这一活动旨在鼓励社区居民将自家闲置物品进行义卖，孙越还将家中的咖啡机奉献出来做"义卖爱心咖啡"，钱款统一捐给爱心基金。这种活动会得到很多社区居民的响应。

从 2005 年 1 名新居民党员的转入发展到今天的 5 名在册新居民党员，2012 年 12 月 7 日成立福蕴社区党总支部下设的新居民党支部，由 5 名新居民党员选举产生支部书记，并于成立大会当日决定以新居民党支部的名义向全社区发起"爱心基金"的募集和义卖的倡议。募集和义卖所得用于社区新居民突发性困难和大病、重病的帮扶，以及社区独居老人的帮扶等。2013 年 1 月通过义卖二手闲置物品、募集爱心捐款来筹集基金，筹集到 5000 多元的资金，所得善款专门用于帮助社区里患有重大病的新居民以及独居、高龄老人，每年的春节、重阳节等重要节日里，他们都会组织走访慰问。

随着爱心店家的加入，他们爱心基金的"慈善点"也从一家变为三家，"慈善点"以店家让利、"爱心基金"补贴的方式，惠及更多的困难家庭。以身边人温暖身边人的方式，扩大到楼组，乃至全社区，形成社区互帮互助的新局面。不仅如此，他们还带动自己的家人、朋友共同参与其中，发挥出成倍爱心的力量。随着"爱心基金"影响力逐步扩大，企业也开始纷纷加入其中，曼胡默尔滤清器有限公司给予了 1000 元的资金扶持，在与队员们商议后将这笔资金赠予了"爱心基金"项目一直以来关注的白血病女孩小可欣。队伍中有人想到了用时下最便捷的互通方式——微信筹集资金，以"让爱传递"为标题，通过微信同事、网友、朋友的相互转发，利用微信无限扩展的方式，激活募捐渠道，为小可欣筹集到了骨髓移植的部分医疗费用。

（三）社区论坛

为了让新居民更深入地参与社区建设，充分发挥其主观能动性，激发队伍活力，由新居民党员策划、主持，每两个月举办一次"有一说一，福蕴事大家谈"社区论坛，以社区居民感兴趣的社会热点为议题，邀请政府各职能部门、共建单位与社区居民共同讨论，至今已举办了 6 期论坛。

莫洪亮担任"有一说一，福蕴事大家谈"社区论坛主持人，开办了以社会关切、居民关心为议题的："你相信网购吗""租房的烦恼""环保与经济建设的碰撞""二胎政策放开的喜和忧""应试教育PK 素质教育""说说医患关系那点事"等十几期论坛，搭建了居民与社会相关部门相互沟通、共同解决问题和矛盾的桥梁。

以"租房的烦恼"为议题的论坛，邀请辖区内房东、房客、居民、律师及社区民警就"租房的烦恼"展开了讨论，共同分析了烦恼产生的原因和解决的途径；邀请嘉定工业区经济发展有限公司、嘉定区第八税务所、叶城物业、叶城环卫所党支部开展以"环保与经济发展的冲撞"为议题的论坛，环保从我做起，共同讨论如何让大家居住的城市更美；邀请南苑小学师生、家长开展以"应试教育 PK 素质教育"为议题的论坛，讨论了如何将应试教育和素质教育有机结合，充分发挥两者各自的优势，培养孩子真正成才；邀请区妇幼保健院、工业区卫生服务中心说说"医患关系"那点事，就构建和谐的医患关系群策群力。论坛开办至今反响热烈，居民可以直接发表自己的观点，更由于新居民俱乐部的精心策划和各职能部门、共建单位的共同参与，居民群众对政策法规有了更为直观的认识，也找到了一些热点难点问题的解决途径。

（四）文娱活动

2011 年 5 月，"新上海人合唱队"招募有共同爱好的成员，共同组成合唱队，发挥自身特长活跃在社区百姓的舞台上，为社区文艺舞台注入活力。同时，新居民文体爱好者积极组织和参与社区趣味运动会、社区擂台赛、第九套广播操比赛、社区乒乓球赛等体育赛事，极大丰富了居民的业余生活，促进了社区居民的互动与交流。他们还自发组织开办摄影展览，作品展现了祖国的大好河山，展现了外来建设者的风采，展现了市井民俗风貌。为了更好地促进更多的新居民快速融入社区，他们自发组织自助烧烤、自驾游和茶话会等活动，营造了关爱新居民浓厚氛围，引导他们共同参与社区活动，达到了汇心聚力的良好效果，为新居民更好地融入城市、融入社区，共建和谐社区搭建了良好的平台。

（五）捐款

有一次莫洪亮看到一个患白血病的小女孩，于是他就请电视台前来报道。莫洪亮还将此消息发到朋友圈，后来通过各种途径为她募捐，募捐活动从福蕴社区开始，后来还得到了红十字会的支持。这件事情至少让这个小朋友知道，虽然她身患重病，但是她还是得到了大家的关爱，她没有被遗忘。莫洪亮等人时常去看他，并追踪报道捐助情况，持续了2年。后来这件事情引起了政府部门的重视，并引起了社会媒体的跟踪报道，后来这一系列的跟踪报道形成了文章、照片，并发到了网上，呼吁更多的人关注这个小女孩。她的治疗费用都是嘉定老百姓捐赠的，一次医疗费几十万元，前后捐赠多次。上级领导还授予莫洪亮2012~2013年嘉定区十大爱心传递者的荣誉称号。但2016年4月那位小朋友离开了人世，这件事促使莫洪亮发起了后来的"民非"。

这些活动的举办一般是在团队的成员一起讨论、出主意，共同提出一个活动的方案，商议出最好的形式。具体的活动实施过程中还是社区居委会领导负责，这样既能得到居委会的支持，同时也能得到居民的理解。有事时，由不同的人牵头，比如碰到网购便是孙越牵头，电脑维修由莫洪亮牵头。大部分活动是由莫洪亮领导组织，大家负责具体执行，尹琦把关并向社区书记汇报。这些志愿者的加入，使社区服务项目从原先的理发、磨剪刀拓展到了免费网购、电脑培训、医疗法律咨询、社区教育等内容，解决了服务单一的问题。成立至今志愿服务时间在 3000 小时以上。志愿服务活动进一步提升了社区服务水平，调动了社区新居民参与和服务的积极性，提高了社区居民对新居民的好评度。"新上海人志愿服务队"被工业区授予百姓雷锋团队称号。

五 乡规民约入人心——新居民俱乐部的组织规范

在发展过程中，为了更好地管理与运作，新居民俱乐部形成了自己的规范，以便团队的管理有章可循。

第一，在新居民中开展环境卫生、计划生育、法律法规等宣传，教育新居民自觉遵守《居民自治章程》。

第二，及时了解并反映新居民的意见、建议及正当的利益诉求；组织新居民骨干力量参与新居民的服务管理工作，如为新居民发放"社区名片""新居民入住须知"等。

第三，配合做好新居民入住登记管理工作，鼓励符合条件的新居民主动办理"上海市居住证"，配合做好人口信息采集工作，协助新居民办理"流动人口婚育证明"等相关证明材料。

第四，引导新居民开展志愿服务活动，在新居民中倡导"奉献、友爱、互助、进步"的志愿服务精神，激发新居民奉献社会，关爱他人的热情与动力，促进和谐社区的发展与建设。

第五，组织各类社区活动，让新居民尽快融入社会、融入社区，参与社区建设，为社区建设献策出力，提高社区认同感和归属感。

第六，配合做好社区宣传、综合治理、计划生育、环境卫生、社区保障等工作。

新上海人俱乐部成立后，经过一段时间的发展，社区书记提出了在居委会下设的五大委员会的基础上增加第六大委员会即新居民管理委员会的建议。2013年1月10日，全体居民代表会议召开，通过了《福蕴社区居民自治章程》修改稿，在原有的五大委员会的基础上增加新居民自治管理委员会，探索"以新管新"的服务管理模式。

新上海人俱乐部在福蕴社区运作之后逐渐成熟，更多的新上海人参与到俱乐部中，通过这个平台，新上海人与本地人有了更多的接触，进而能真正融入本地的生活，打破本地人与外地人之间的隔阂。同时，这种自组织的方式使大家能一起参与社区营造中来，通过居民自发的力量，借助各方提供的资源，为居民、社区提供服务，这便是社区治理的多元主体参与的重要形式。在自组织成熟时，新上海人俱乐部还形成了稳定的规范，为后续完善治理模式提供了良好的条件，在此基础上，新上海人俱乐部将在本社区提供更多服务，在团队进一步扩大，治理机制更加成熟后，还能将服务扩展到整个工业区。

前置社区营造项目
——嘉定新城信义嘉庭

一 信义嘉庭小区介绍

信义嘉庭位于嘉定新城（马陆镇），是信义置业（上海）有限公司开发的一个新式小区，小区房屋仍在建设中。作为嘉定区的社区营造试点社区，信义嘉庭在小区建设时期，在业主还未入住的情况下，便开始推动社区营造的工作，由专业团队随时跟进业主的社区动力发展，并从称呼上进行调整，让业主变身为"准居民"，以身份认同为出发点，将社区建设工作"前置"于入住，此一前置实验，试图在新建小区做社区营造的实验。

信义嘉庭小区于 2014 年动工，2015 年 5 月中旬开售，2015 年 5 月底开始推行邻居活动，每月开展 3 类主题活动：促进楼栋邻居的见面会、跨楼栋多领域促进邻里和谐友爱的生日会以及鼓励社区居民共同关注社区公共议题的核心议事会（沙龙）。经过一年之久的社区营造预热，信义嘉庭小区于 2016 年 7 月召开了第一次核心群体讨论会，每月一次，第三次后延伸出更多阶段性的想法，居民们开始针对入住时的一些共同需求进行又一轮的尝试。为何不在安新家需求上大家一起推动一些事情？由社区能人、物业专业人士和具有家具经验、门窗经验以及社工背景的行政高管等伙伴，从核心群体讨论会中逐步分出组团成为新居互助团，组团后每月进行 2～3 次讨论会，针对搬进新居的共同需求进行梳理，有资源的人凝聚一个小团体，推进社区调研，了解需求，持续推进会议，针对相关服务进行讨论和商议。

调研方式则结合信息化时代工具，首先在活跃度较高的 300 多人的微信群中进行需求调研，而后在社区 App 内持续推动，总计 270 多位投票，推动伙伴协助汇集整理调研，将结果反馈给新居互助团，而后进行公示。对大家有反馈的需求，通过寻找资源进行链接。透过搜集业主中有资源的业主商家，他们通常有双重的身份，既是邻居又对开发商发包的资源比较熟悉，可以提供给大家更加优惠的价格。另外搜集具有较强品牌影响力的品牌资源，进行分享和公示。无论是搬家服务、保洁还是家电采购，均可进行。这个部分大体借由线上线下的平台进行沟通。

公共空间的使用和管理，要有物业和居委会参与，考虑到未来的管理方案，居民将想到的情况反馈给操作方，对可能发生的隐患做前期考虑。

二 社区需求——小区建设

信义嘉庭的社区营造是前置型，因此很多活动是在小区建设过程中便展开，必然伴随着小区建设中的一些需求，而小区建成后可能出现的一些问题与需求却尚未浮出水面。以下都是业主对在建小区的一些关心事项。

1. 关心工程质量

关心工程质量问题，于 2015 年 10 ~ 11 月信义置业社区营造组办理活动之前发现，反馈给开发商客服、业务总监后，经过内部研议，定于 2015 年 12 月 12 日开启第一次工地开放日。每次限制 30 个报名名额，最后依照报名优先顺序以及符合保险规范、登记产证上的名字，择 10 名进去参观在建中的房屋，然后续持续开放参观。

在开放参观后，一些人并没有申请参观过小区已有的施工情况，主要是基于对开发商和信义社造团队的信心，便不主动申请参观资格。他们了解到信义房屋在房地产界的口碑还可以，而他们也并非专业人士，便让更加关心且专业的人士参观，用更加专业的眼光去观察，效果也许会更好，而参观者也会将结果发布到微信群和 App 里，让其他人了解情况。

2. 周边配套商业措施

在施工后期，招商情况上不明朗，准居民关心，反映出来，由信义置业负责人指示由相关部门进行招商工作。马陆镇在与许副总会谈时，也建议要招进"全家"等较为上档次的商铺进驻。

一些业主由于对未来的良好预期和一些消息渠道，所以他们对商业措施的迅速跟进并不着急。他们认为这个小区未来的便利程度较高，周边房价还有上涨的空间。更加关心商业措施迅速配套的是着急搬到新居的业主。而开发商当然首先考虑这部分人生活便利的问题。

3. 停车位增减

最近一次工地开放日是在 2016 年底，业主确实当面向工程单位反馈，得到的答复说是属于验收前状态，验收后还有二次施工情形，预估可以达到与合同相符的停车空间标准，疑虑暂时解除。

因为准居民已经有良好的联络，所以可以有效地组织地来反映居民意见，同时形成一定的压力，开发商展现诚意解决问题，并出面协调物业公司反馈准居民们的需求。

三　社区能人——张建忠

2016 年，信义嘉庭的社区营造工作人员开展了密集的活动。这个部分完全可以在社区入住阶段施行，不少居民因为自身的需要，已经在组群跟邻居共同采购，以此换来较高的折扣和较大的优惠。

有些居民是摄影爱好者、茶艺师、舞蹈老师，社区内还有烘焙专家、美食爱好者，当然还有户外游爱好者、骑行等健身爱好者，还有居民喜欢练咏春拳，花花草草也吸引着不少人群……前期社造推动伙伴经由互动认识具有兴趣爱好的伙伴们，协助居民对于后期兴趣社团产生想象，鼓励其后期参与社区兴趣社团。

后来在社造工作者的挖掘下，发现了张建忠，并在互助团中推选他团长。他是土生土长的嘉定人，原来自己办企业，因为事业成功，便提前退休，现在空闲时间较多，便有更多的精力投入社区营造的工作中。在原来住的小区，他也积极主动与物业、居委会多方打交道，维护自己的权益，并将居民应有的权益告诉他们。他一直强调"公平、公正、公开"，由于有强大的理念支持，在与信义嘉庭的社造工作者接触中，很快找到契合点，开始了愉快的合作，因此互助团以张团长为主心骨，形成了一个不到10个人的核心团队。

四 居民关系与动员过程——业主线上线下动起来

由信义置业设置专属社造组进行业主的培训、陪伴、引导工作，在线上以微信平台作为互动基础，后期自行投入开发客户专属App，并优化App内的功能，居民在未入住之前，完善业主对于小区居民的人际互动与工程进度信息交流的需要。社造组人员在线上关注业主的时间几乎从早上7点到晚间11点，这有助于小区业主与专业团队快速建立信任关系，以专业者、公益人的身份，在开发商与居民之间扮演居中协调者的角色。在App开发后，更同步关注两项沟通平台，其投入程度与居民的信任程度更甚于其他部门，足见专业社造人员在业主心中的地位，而业主真诚的反馈，有助于开发商搜集业主关注议题。

线下活动的推广，从初期发掘业主的兴趣主题，包含以手做DIY、烘焙DIY、串珠DIY等引动居民各类兴趣培养；也有以亲子互动为主轴的每月生日派对，每月将当月生日的业主聚集起来，一同开心过生日，既联系情感又相互交换住房资讯；中后期随着入住时间的推进，通过社造专业人员判断，发掘具有社区共识与服务意识的居民，愿意聚在一起商讨为大家搬家入住所需要的各项事宜，其团队服务的概念已经成型，有助于入住之后自组织的形成。

信义嘉庭经过 2016 年的培训，同时在社造人员驻点协助下，其未入住业主经历了如下三个演变阶段。

1. 信任建立期

2015 年 5 月开始销售后，产生第一批业主，而产生业主的形式与销售策略有关。业主的分批产生，对建立信任关系有所助益。信任关系的建立是缓慢且漫长的过程，社造团队通过各种方式加强"业主与业主之间""业主与社造专业者之间""业主与开发商之间"的信任，建立微信互动群，是一种很有效的互动渠道，投入时间长且持续关注微信群内的发言，有效地与业主进行互动、交心，可强化业主对社造专业人员的信任。

线下活动中，社造人员以专业的破冰拓展训练，拉近业主与业主之间的距离，并让大家找到共同兴趣、共同话题，线上与线下的互动连线，增进彼此情谊。当业主间、业主与社造人员的信任建立完成后，近一步将业主对社造人员的信任移转到对开发商的信任上，这个信任关系的移转，开发商支持的前置型社区营造中，是非常繁重的工作，务必让信任关系移转，开发商的支持投入才能得到相应的回应。

2. 能人挖掘期

2016 年整年时间，通过线下的主题活动，发觉社区能人，有人是手工艺制作的能手；有人非常擅长物业管理；有人自己在自己小区与物业、居委积累了很深刻的互动经验；有的则是铝门窗的老板，有许多装修经验；有人团购很有经验，总是有门路找到便宜又好的商品；有人是咏春拳的教练。这些能人被发觉出来后，将来可以成为社区自组织、兴趣社团的负责人。虽然社造人员曾经想在前置社造发起兴趣团体的组织，但经过两轮努力后，仍告失败，因为尚未入住，大多数业主参与活动，都需要"专程"前往，习惯与自主性尚未改变。再者，社区业主对还未发生的事情（即入住后的各公共空间使用、公共设施的利用）不感兴趣，因此事先收集名单、建立人员资料库是现阶段的目标。

3. 互帮互助期

越接近第一期业主的交房时间，越多业主开始讨论入住的各项准备事宜。经观察，互帮互助的团体成形，主要存在于群内发言比较多的业主，自己组成为大家服务的小型团体，原本目标：义务帮助业主推荐家具、家装、家电、各种入住服务等品牌，由业主自主牵头，释放出手上资源，提供其他业主共同团购、采买等，体现社造以己力互帮互助的精神。

在2016年10月份启动新居互助团过程中，互助团的发起可能涉及个人利益，因此在讨论如何推荐厂商、如何筛选品质等过程中，往往不如预期那么顺利。有业主提出质疑：怀疑牵头的人从中获得个人利益，甚至有些加入互助团的业主，仅仅是想从中获得资源，并不想直接出力帮助他人。足见这个阶段，若在信任关系不稳固的情况下，贸然推动业主进行牵涉自身利益的互助行为，依旧存在信任假象的崩解。

信义嘉庭居民互动及分享的场域，大多呈现在线上。无论是"新信义嘉庭"微信群还是 App 小区大堂，每一天都有不一样的分享议题，如临近入住，居民之间会交流家装相关的信息，购买什么样的家具，将自己选中的家具分享至群内，请邻居帮忙把关；看房经验的交流与分享；甚至有的居民将自己多的一些家用设备分享至群内，询问邻居留用意愿，私聊赠出；看到优惠打折的商品群内及时分享，问邻居意愿，是否有需要共同购买的；在群内筛选商品，帮忙代购，结束后送出。

群内不少邻居在线下也同步参与社区活动，与社造伙伴有较深的互动和交流，对于社造的理念认同，再而大多数居民期待可以在新社区能够有较为轻松和温馨的社区氛围。在前期社造单位建立的社区居民交流平台比较踊跃，当相互之间会有一些针对社区及项目有疑惑的地方，了解情况的居民能够较为及时地进行回应和互动，微信群已经形成较为温馨的互相帮助群，一旦有居民分享负能量的信息就会有伙伴跳出来指出，并会调节群内气氛。

楼栋还成立了群，逐步邀请群成员，借由建群在群内彼此认识，居民的纵向互动和联络变得紧密。线下的互动大多以活动进行串联，开展横向互动熟络的主题活动和促进纵向互动认识的见面会活动，旨在加深线上互动的印象，以此在后期进行严肃议题时能有较为有效的沟通。

针对居民之间的认识、与社区的融合，社造专业人员持续推进了各类活动，无论是横向沟通还是纵向沟通，都旨在促进彼此之间的关系和创造新的联结创造沟通平台。

五　沟通与认同——社造理念深入人心

社区共识磨合期：第一期交房预定在 2017 年第一季的消息出来后，许多原本在合同上载明日期的业主，又开始关注交房时间能否再提前，并开始讨论曾经的销售人员对他们宣称的各种日期。在这阶段之前，社造单位曾经每个月邀请业主针对入住后的公共空间管理、使用申请等方案进行讨论，其反馈与关注议题者，仅占全体居民的 10%，究其原因，主要是：还没入住，没遇到问题；等到遇到问题再说；全部交给物业负责；到时候业委会强烈主导，物业有反抗或有意见，大家再对着干。有些业主对于新建小区的管理方法很感兴趣，他们目前居住的小区有历史的痛点，使他们关注前置社造时，便强烈要求应该关注在未来公共空间的使用管理方案。再者，自己所在的小区已经无法改善，因此寄望新小区能够避免旧有问题再度发生在新小区。社造人员关注这一情况后，曾经与客服人员、物业公司进行沟通协调，欲将所有可提供的社区管理方法汇整公告，以事先提供业主参考与意见进行征集。

原本线上沟通的立意是好的，但线下的会议与线上的漫谈成效依旧不同。线上的讨论，依照观察，往往流于情绪性、主观性、批评性的发言。该类言论，虽在开始能够引起小范围、短时效的言论回应，却无助于社区共识的形成，这种情况符合传播学中的沉默螺旋理论，进而使社区共识在线上的收拢与聚焦不甚容易。这样的讨论在社造人员介入与关注下，采取线下会议的共识聚焦，避免线上的沉默螺旋阻碍社区共识的发展。

第一期居民前期参与社区活动，互相沟通交流，社区居民对于社区营造的理念表示认同，但对于社区营造的概念认知还需要持续倡导。对于大多数社区居民而言，社区营造就是社区活动的串联，其在社区中的作用，居民还未能理解在社区营造推动引起的可持续性效果。因为现阶段居民参与，主要在于业主们都还未入住，社区居民希望社造伙伴可以一直扎根，只因他们现阶段还不了解社区俱乐部的运营者最终应是他们自己。

六　契约与目标——新居互助团

在入住新居之前，大家都有采购电器和软装的需求，而即将入住的居民中有许多人有这方面的资源和专长，他们为大家提供更优质的服务和价格，同时更加了解行业信息，而现在其余许多人没有时间了解全面的信息，在这种情况下，大家组成互助团来提供更多信息。而且精装房牵扯的东西并不多，主要是软装，团购量大，因此团购需要谈判实力。

起初仅有核心伙伴进行议事讨论概念，在一次机缘巧合中，居民提出结合现阶段的特性，可以发起新居的团购事宜，因为这个部分大家都有需求，所以就开始筹备成立一个新居互助团，推进团购等各种事项。他们不愿涉及金钱方面的事项，因为共识中认定这是高压线。一旦出现经济利益，就不好处理。在很长的一段过程中，大家都在为利益和公益之间该如何厘清关系而讨论。过程中也组织过相关讨论会，但有些伙伴持续加进来会有涉及利益的问题，这不是互助团希望看到的，所以团长与社造伙伴把住原则。目前还没有监督团队，如果涉及相关利益一定需要一个公开透明的监督单位，甚至每个人都可以成为监督者。如果再搞一个监督委员会，对于程序操作来说太烦琐而不适合。

这个自组织并不是所有业主都参加，主要是毛遂自荐，最终只是部分参与。但互助团为整个小区的业主服务，而不是为互助团的成员。自荐加入的也有一些人带着个人私利进入，第一次讨论时清退了一些有些急功近利的成员。互助团成员之间并不认识，但在参与互助团、多次开会与活动之后基本认识。张团长和花总（其他人对他的昵称）是团队的核心，互助团内部相互信任，将目标确定下来后，大家才能为这个目标和方案去执行。互助团初衷比较单纯——搬家，借用搬家来彼此来联结互动，相互帮助，才有这个想法，有了互助团。社区中有这样的资源出现，大家来利用，有了这个想法之后才去推动。招募时，找有意愿的人来做这样的事，将有意愿的人召集起来。互助团内部信任主要因为都是居民，大家的想法和思路不尽相同，推翻过很多方案，不断思考，也相互磨合。

互助团正式成立于 2016 年 9 月 9 日，互助团的工作目标就是将最大的福利让给业主，是义务服务，不以营利为目的。团队里有一批热心的专业人士，也有一些不是很专业的热心人因有时间可以在团队中承担其他工作，大家相互吸引聚拢起的一批志同道合的人，可以在分工上协调，一起策划、执行。

最开始一些人加入互助团各有各的想法，有的参与是真要为新邻居服务，但也有些人看到这里暗藏巨大的商机，希望能在其中获得一些实利。经过几次会议反复讨论，主要商议的便是互助团的工作、服务内容，基本原则确定之后，便能逐渐将这部分目的不纯的人排除在外，这样才能赢得新邻居对团队的信任。互助团的工作目标是为新邻居谋福利，搭起商家和业主的桥梁，降低业主在房屋软装和家电方面的开支，而互助团本身不能营利。服务内容主要有三方面。第一，商家选定和评选（经过市场评比，主要看市场知名度，因为互助团员都是专业的，选出两家进行评比。大家意见比较大的也是这个阶段，容易出问题也是在这个阶段）。第二，定好后，推送互助团有定向服务（可以与商家谈判打折情况、实惠的服务）。第三，推荐产品，由互助团去具体谈判和购买，在去之前提供意见建议。互助团最终目标：通过互助团的带头示范作用，形成社区互相帮助的良性循环之氛围，让居民们逐步养成通过会议凝聚共识，解决社区事务。

互助团的作用是在业主多的情况下，将价格降下来，以专业经验与商家谈判，以获得更好的效果。互助团的"互助"主要是率先搭建一个平台，在这个平台上大家可以共享自己的资源。但在早期阶段，其他业主提供的帮助主要还是给互助团提意见建议、推荐东西，互助团做参考。互助团，通过这个这件事情引起大家的关注，进而共同解决问题，让业主重视自己各方面的权益、责任、业务、资源，互助团是一个资源互通的过程。

作为一个发起不久的自组织，互助团里自然会有不同声音，大家对互助团理念的接受程度也参差不齐。张团长和花总冲在前面做，为团队建设提供基本的动力，为大家出谋划策，有一半人热情参与其中，还有三分之一观望，经常有两三个的反对声音，也有人带着私人利益加入，因为个人目的没达到最后选择退出。所以有部分人值得信任，还有部分人仍在观察。现在这部分人的信任，是依赖团队内有人对家装行业了解，大家还是在观察，还没有实施，能不能受益都没有看到。前期筹备阶段，还只是有这个打算，仍然处于寻求资源的阶段，尚未进入具体落实阶段。

互助团的理念明晰需要较长的时间，主要借助社造伙伴在内中不断澄清，和个别成员的及时沟通。大家对于互助团的认知达成一致之后，针对互助团的工作开展情况进行讨论，磨合的过程中，默契程度也在同步提升，这期间仍需要不断沟通。历经5个多月，互助团内部动力逐步形成。

中间因为开发商在交房过程中开展了看房活动，所有居民都进入自己所在的房屋看房，大家对于房屋和小区环境有各自的想法，在大群中热络地交流。这个活动，也加速了互助团彼此之间的关系联结。因为互助团内有个别伙伴具有商家的身份，故在作为当事人的时候，他不参与任何与之相关的决议的过程，以此保持互助团的中立性。当然，团队里有热心的专业人士，他们吸引了一批志同道合的人。因为专业，所以在决策和考察时，才会看到方法、态度。团内也有不够专业但很热心的伙伴，并且愿意在分工上协调、策划与执行。

现在互助团沟通平台同步加入了居委会筹建组的工作人员，可以就讨论的事及时沟通，确保互助团未来社区发展走在居委会的指导和党的引领之下，他们可以为社区内部进行更多的公共服务。

目前互助团自我定位希望在现阶段可以成为社区居民的代表，在居委的指导、社区营造伙伴的协助之下，整合商家资源，将针对社区中居民共同的需求进行罗列，对厂商进行实地考察了解（包括同是业主的商家），将调研所获得的信息分享给所有社区居民。

针对开发商，互助团则是希望可以成为沟通桥梁，代表居民进行小区硬件设备相关事务进行沟通，形成良性互动。在逐步入住阶段可以形成监督物业，促进物业提供更加完善的服务。互助团宗旨是自助亦助人，平台型互助（见下图）。

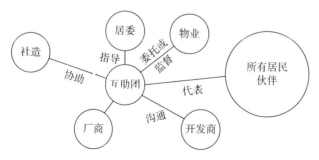

图　互助团与其他治理主体的关系

随着互助团运作的逐渐成熟，一些自组织的规范也随之形成，其中最大的原则：自己的事情自己解决，强调在社区内解决，以不麻烦他人为准则。

互助团会定期开会，进行深入的线下讨论，不光是微信和 App。会议一般是由社造组社造工作人员主持，他们从专业的角度把控会议时间、引导会议重心。议事规则采用罗伯特议事法则，从外部引进借鉴。在讨论过程中，就事论事，不涉及个人关系，当团队成员之间意见不合时，需要了解现阶段讨论的议题，不关人与人之间的关系。讨论过程中，有意见当面说，可以讨论、争论，也可以退出，退出再加入也可以。这是以尊重每一位伙伴为原则，因为社区是一个开放、接纳的空间，每一位参与者都出于自愿。

在这些规范的基础上，新居互助团形成了成员契约。

（1）互助团是社区内纯公益的团队，是一个社区资源整合的平台，不涉及任何利益关系。

（2）决议过程中须就事论事，没有任何人身攻击，不能影响伙伴间的关系。

（3）团队中不能将私利带进决议过程，同时也尊重邻居们的选择。

（4）阶段性成果进行公示，互助团只是资源整合方，不是服务方。

（5）涉及服务方的时候，不以互助团名义推进。

（6）不是煽风点火，而是为大局着想，促进良性沟通。

信义嘉庭社区现阶段主要进行的工作任务为入住阶段的各项沟通事宜，其中包含封阳台的商家筛选推荐、社区公共空间相关事宜讨论、新居个别事项的团购活动发起，以及跟开发商之间的沟通。因为还没有入住，互助团在进行的工作均还未开始发布，在交房过程中会一一进行推送，信任机制首先在互助团内进行初步建立。

伙伴们在借由考察，线上线下彼此沟通了解，建立信任关系；但对于社区层面的互助团成员推介尚未进行。居民了解有社区互助团，但对于互助团具体的人员还未通过公示进一步了解成员们希望在推送的过程中进行同步发出，让所有社区伙伴同时了解，并逐步建立与居民之间的信任关系。以此作为声誉机制的铺垫。

小 结

信义嘉庭是中国大陆第一个在未建成小区的情况下便开始社区营造，试图在业主未入住的情况下，便通过各种形式的活动让他们熟悉起来，并在其中播撒信任的种子、社区营造的种子。经历了长时间的培育引导，终于在这片开垦不久的土地上长出了一棵小苗——互助团。虽然由于尚未入住，一些实质性的活动尚未展开，但在不断的互动中，自组织的基本架构已搭建起来，并形成了一系列规范，在进入社区进一步的活动开展之后，必然能成为信义嘉庭小区社区营造的一支重要力量，为社区营造的工作开展打下了良好的基础。在更多的业主入住后，互助团逐步建立社区威信与影响力，推动更多的居民参与小区的治理，配合居委进行社区治理工作，为小区的多元治理贡献自己的力量。

这个经验有成有败，可以为未来的新建小区的前置型社区营造提供一些有用的建议。社区营造是一把双刃剑，当居民自组织起来时，它可以帮开发商的忙，提出好的建议，一起解决问题，提高客户满意度，为未来的邻里信任提供基础，前置型社区营造可以得到事半功倍的效果。比如在业主传播建筑质量的谣言时，立刻反映给了开发商，开发商也反应很快，开展了开放日活动，平息了谣言，也增加了彼此信任，变业主的负能量为正能量。但另一方面，如果开发商反应不足，社区营造做得越好，这柄双刃剑就越利，对想做前置型社区营造的开发商而言，就会回头伤害到自己。交房后，入住居民对物业有一些怨言，而得不到立即的反馈，负能量就很容易在社区营造建立好的社群中传播。这也考验着这个前置型社区营造的能力。

社区营造活动结成的社群，建立的居民互信，在相互帮忙、流通信息时都发挥了不错的作用，但当升级到牵涉金钱的联合采购时，则发觉信任基础还不够牢固。所以，不同类型的集体行动需要不同程度的互信基础，自治理机制还不够完善时，"过度动员"的集体行动反而会带来信任的破坏。

好世皇马骑游队

——陆家社区好世皇马苑

一 好世小区介绍

皇马骑游社诞生于上海嘉定新城康丰居委会，康丰居委会坐落于嘉定新城西南角，包含好世皇马苑、佳兆业一号、天马公馆三个商品住宅小区，2013 年开始陆续交房，2016 年建立居委会，好世皇马苑小区总户数 1542 户，主要由年轻白领夫妻、三口之家及养老型老年人组成，目前常住人口 2406 人，其中流动人口 1486 人，本市户籍人口 894 人，外籍人口 26 人。年轻白领夫妻和三口之家以流动人口居多，占小区人数的 70%，养老型多以市区老年人为主，占小区人数的 30%，是一个由综合性、年轻化、高学历人群组成的复合型社区。

康丰居委会在成立不久便开始尝试引入更多的主体参与到社区治理中，力图搭建一个平台，由居民自组织和专业社会组织来唱戏。目前已经有 2 家社会组织进驻，还将引进一家。这 2 家中有一家服务青年的社会组织，主要开展一些亲子活动、家庭主题活动，另一家是服务老人。小区中还有很多居民自发地组织在居委会的公共空间开展活动，如走秀、民族舞、少儿舞蹈、广场舞、交谊舞。这里有手工班、江南丝竹班、合唱班、沪语班（教外地人上海话）、"家圆"大学馆，这些老师都是小区里的业主，总共有10多个班。

在这样一个年轻的社区，有一支由中老年人组成、充满活力的骑游队——皇马骑游队，他们的平均年龄50多岁，他们自由洒脱，身体力行，学无止境，热心公益，他们从最初的以骑游为乐发展到了现在的以骑游行公益。而这所有都离不开骑游队的创始人——丁炳泉，他常被居民称呼的则是一声"老丁"。老丁带领着这样一支社区自治队伍，走出了一条从居民自治到社会善治的康庄大道。他们创造和谐社区、激活社区活力、和睦邻里关系，在强身健体的同时，更好地发扬了"团结、友爱、互助"的志愿精神。作为骑游队的发起人，老丁见证了骑游队从单纯的骑游到骑游公益行再到"互助公益金"的发展历程，见证了骑游公益之路从种子到树苗的过程，未来还将见证它从树苗到参天大树，屹立在社区中，为居民遮风挡雨。

二 社区能人——丁炳泉

丁炳泉，今年71岁，是一位退休的老大爷，非常热爱健身，活跃于上海的各个圈子。他8岁踢足球，14岁成为少年跳伞运动员，16岁成为中央军委的航空军事学院情报员，退休前是南京无线电员。老丁原来住在杨浦区五角场街道，一直活跃于五角场骑游队，并经过3

个月的努力训练，成了一名专业骑手。这些都是从与老丁的平日交谈中得知的。看老丁那精瘦的身材，实在看不出已经 70 岁的他曾经跟着骑游队伍几天几夜走遍大江南北。

2008 年奥运会后，老丁报名加入了上海老年骑游队，并且注册于上海杨浦五角场街道老年骑游队。加入骑游队需要经过严格的体能训练。于是，老丁每天清晨五点半起床，开始了上午 3 小时、下午 3 小时的刻苦骑练。每天都要训练到下午 5 点，坚持了 3 个月后，老丁终于通过了入队考核，成了正式队员，他的骑行速度达到每小时 25 公里。

2009~2013 年，老丁骑游了上海 16 个区县，先后参加过上海世博会志愿者活动、街道的骑行公益宣传活动以及桃花节、劳动节、国庆节的社会活动。在这期间，老丁每星期都会在上海的大小旅游景点中进行骑游，他说这是健身强体所必需的。

老丁加入五角场骑游队后，每周都有 3 次骑行任务，一般 50~80 公里，天冷天热雷打不动。从 2010 年开始，老丁的骑行从上海拓展到了外省市，如江苏省的太仓、苏州、昆山、无锡等，再远一些就去浙江的杭州、长兴、绍兴、宁波等。最远时去过安徽黄山。

骑游队成立至今，已组织了大大小小不计其数的活动，他们的足迹遍布嘉定的各个角落。领略嘉定的深厚文化底蕴，漫步州桥老街、安亭老街和千年古镇南翔，品尝名扬天下的南翔小笼，感受道路的宽阔、商业配套的完善。骑游队从最初寥寥几人发展到现在的 20 余人，从开始简单的志愿者服装到现在的专业骑游装备，骑游队在不断壮大和发展。如果大家留意，可能就会在嘉定的路上与穿着印有"皇马骑游队"字样服装的队员们相逢。

每次活动，队员们都发挥特长，充当随队记者和摄影师，记录下旅程中的一点一滴。通过拍照留念以及写骑游日记，将这一路的所见所闻所感记录下来，现在老丁已积攒了10余篇。社区居委会社工经常同老丁打趣："爷叔，这些东西积攒下来，以后可以装订成书啦！"现在看来，这未必不可实现。

渐渐地，骑游队在社区内的知名度越来越高，活动范围越来越广。在2015年5月，骑游队联合陆家社区"家圆"青年中心的青年社工、义工们一起开展了一次"绿动出行骑游新城"的环保宣传活动。骑游队成员和一帮年轻人穿着社区的橙色义工服一起骑游出行，先后来到马陆以仁幼儿园、青客公司、白银路地铁站等人流密集的站点，每到一处便放下自行车，拿出随身携带的自绘标语和宣传手册，向经过的路人进行5分钟垃圾分类宣讲。在马陆以仁幼儿园内，更是通过游戏互动、集体倡议、描绘环保志愿树等活动，给小朋友们上了一堂生动又有意义的一课。在地铁站，队员们统一穿着橙色的队服，一字排开地模拟垃圾桶。醒目的宣传横幅和标语，引起了路人们的驻足，大家都愿意停下脚步，认真地聆听队员们生动激情的环保宣讲。

通过这次活动，老丁意识到骑游队存在的意义不仅仅是睦邻友好、强身健体，更肩负着宣传公益、做公益的重要使命。怎样将骑"游"转变为骑"行"，从游玩中找到骑游的真正价值，身体力行地做公益的执行者、拥护者，老丁琢磨了好久。他寻思先从小事做起吧，于是联合社区进行环保入户宣传，做起了垃圾分类绿色账户志愿者，并先后组织了"我们的温度·爱心救助"公益骑行宣传活动、"见义勇为·社会和谐"骑游宣传活动、"骑游跨年环保抗霾"骑行活动等数十次公益骑行活动。逐渐地，老丁发现每次活动都需要社区的资源支持。我们能不能为社区创造点资源呢？于是老丁又琢磨出了"互助公益金"，而这一想法得到了全体骑游队成员的支持。

2016 年 1 月 1 日，元旦佳节之际，皇马骑游队的队员们却在居委会议室中忙碌着。这天，在老丁的带领下，队员们商议决定了骑游队"互助公益金"的管理规范。由此，皇马骑游队"互助公益金"正式成立，从 1 月 1 日开始正式运行。

骑游队"互助公益金"成立以来，服务社区居民，扶持社区项目，为有困难的居民伸出援手，弥补了往日在服务过程中有力无资的缺憾。"互助公益金"完全源于居民，也将最终服务于居民。自治团队的建设不仅仅是在形式上让居民自主服务，更要提高居民自我服务的意识，这样才能真正解决居民的需求。

骑游队成员每人每月自愿交纳互助公益金 10~100 元不等，同时还有居民自愿向"互助公益金"进行捐款，由此，公益金得到了大多数居民朋友的支持。

三 组织构建过程——骑游公益走起来

2013 年，老丁将家迁到嘉定新城好世皇马苑小区后，就将自己的兴趣特长带到了这片宜居新城里。他找到居委会，希望居委会能够支持他组建一支骑游队，于是一支骑游队悄然而生。在这个来自五湖四海的居民"大杂院"里，老丁把骑游队从 6 个人发展到了至今固定成员 25 人的队伍，从普通骑游队发展成了一个独立自主的公益团队。在这个不断完善的过程中，他们制定了骑游队章程，成立了骑游队"互助公益金"。队内成员还根据自身特长担任了医生、随队记者、摄影、副队长等不同角色。骑游队的宗旨是"尊重、团结、健康、安全"。老丁一直对队员们强调的是：每一个队员要树立对社会的责任心，要积极参加社区公益活动，加强对环保事业的宣传。近两年来，老丁带领着皇马骑游队为社区做了很多实事。他们热心做社区公益：每天轮流担任垃圾分类"绿色账户"志愿者；参与到陆家社区老年人照料中心的志愿者队伍中，以老"服"老；每月议事会会议中针对社区中的脏乱差现象提出解决方案；利用"互助公益金"扶持社区公益项目，服务社区居民等。他们热心宣传公益：骑游新城进行环保公益宣传，通过发放宣传资料，十分钟宣讲，对每一个途径的站点进行环保理念宣传。老丁常说的一句话就是：我们骑游队是一支充满正能量的团队，人人把社区当成自己的家，才能团结有爱、互相包容、幸福和谐、快乐健康。"我的愿望是把社区变得更加洁净美丽，骑游队明天更加灿烂更加充满阳光"。

"宅老"——这是老丁对窝在家里不肯出门的老人的称呼——听到后也要参加。他们都是一个小区的业主，原来也不认识，通过经常在花园、小区散步，晨练，老丁认识了七八个到十多个人。这些人大都是 60 以上的已退休的中老年人。七八个人在闲着聊天时，说"明天骑车到南翔去",便立即有人响应,第二天就过去了,这成为最初的队伍,后来便成立皇马骑游队。大家立下壮志说要在一年中游遍嘉定的景点,一周要出行一次。

2014 年,在老丁的组织以及居委的支持下,皇马骑游队成立了。老丁说,他用了两年看遍了新城的一草一木,现在是时候带领小区内的老人们一起出去走走了。虽然最开始只有七八个人,但也需要有团队宗旨与要求,并宣读给大家。刚开始老丁只是做一个召集人,后来团队外出后,发现有很多不可预估的风险,如交通、身体等风险,感觉有压力了,就需要制定管理方案。有对大家负责任的态度,才有负责任的行动。因此,每次出发之前,需要提前做功课,如从嘉定马陆到宝山吴淞口炮台,7 点半出发,到时已经 10 点,行进路线如何安排,参观哪些景点,在哪儿吃饭等都需提前计划。

骑游队成立后,为了对每个队员的家庭及队员的安全负责任,老丁还认真制定了出行安全公约,并督促每位参加者与居委会签订安全协议,同时建立了个人档案。目前骑游队有档案的成员已有 25 人,其中 5 人是 80 后,为这支队伍注入了青春活力,这正是老丁所期望的。没有档案的不是正规队员,属于爱好者,这类不固定的成员有两三个人。

队员之前也有一些并不认识,尤其是后来加入的成员,但通过一两次骑游便熟悉起来了,骑游队也成为他们的一个重要的互动平台。其他人也不断找到骑游队,要求加入。因为骑游队有宣传,后来一传十传百,骑游队就在整个小区有了影响。

团队的核心成员每次都要准时出席，技术不是最重要，团结团队、增强团队凝聚力才是最重要的。因此团队也形成了有序的分工，如老丁负责全面工作，并在每次出行前做周密计划，副队长张云兰负责通知团队事情、团队财务，龚汉涛负责撰写团队出行报道、会议记录。

队员要吐故纳新，以后队员要发展到 30~40 个人，要在整个陆家社区的 3 个居委会发展，以后的目标是陆家社区骑游队，而不只是这个小区的骑游队。首先要制定出健全的制度、规范，以保障队伍的长期稳定发展，如果老丁退休不做了，会有第二、第三任带头人。

团队建设中，老丁非常倚重党员的作用，刚开始七八个人中只有 2 名党员，后来团队发展到 21 人，其中有 4 名党员。在骑游之前给他们打招呼，让他们更加积极一些，相信他们是党员，思想觉悟一定比较高，在实际工作中党员确实起到了骨干表率作用。当团队建设需要时，把他们推上前台，起到带头作用。他们是义务宣传员，需要发挥更多作用，"不能将党员混同于一般群众"。老丁还曾考虑，待条件成熟后，骑游队里也可以建立党支部。团队内这几位积极分子，并不全是党员，他们更多的是在平时起到监督带头作用，对迟到早退的队员当场提出批评，他们说话别人也服，因为他们以身作则，从不迟到。但也有三五个人经常出风头，显示自己有体力，骑行时，经常超过老丁，而这恰触犯了老丁"不准超过队长"的规矩，因为速度是在出发前定下来的。出现这种情况，到目的地便要开会提醒他们，骨干也会提醒他们。

团队内如果个别人讲一些"不利于团结的话"，这几位积极分子都会指责他，不需要老丁的提醒。如果讲一些负能量的话，团队也会批评指责。每个人都不要活在一个人的世界里，有意见可以当面提。到总结开会时，老丁才会去做总结，对一些他认为比较严重的不良情况，才在会议上做出批评。

四 宗旨认同——尊重、团结、安全、健康

为了让骑游队平稳持久地继续下去，2016 年 1 月 1 日，老丁召集队员们开会，为骑游队确立了八个字的宗旨：尊重、团结、安全、健康。尊重，即队员之间相互尊重，利于团结的话多说，不利于团结的话不说；团结，即团结友爱、有难互助；安全，即遵守交规；健康，即为自己、为家人、为骑游队，对自己的身体健康负责。这个宗旨确定之后，大家基本也是按照这个要求进行团队活动与自我要求，而且后期申请加入团队的人须首先认同这个宗旨才会被允许加入。

"做团队就是要将每个人的灵魂抓住。"这是老丁对团队建设的认知，"如果不是这样，那么骑游队的队员如一盘散沙。"团队要有宗旨和主轴。

现在团队出发之前要唱队歌，歌词是老丁写的。"皇马健康骑游是我们的方向，绿色环保是我们的志愿，我们充满着阳光。"曲子是用一个现成的经典曲子。在词曲刚编好不久，大家每周都会进行排练，老丁的关系广泛，请来了专业的音乐老师为大家指导。队歌本身也是团队精神和凝聚力的一种体现，排练过程实际上也是塑造团队凝

聚力的过程。

为了使团队更加具有凝聚力与认同感，老丁筹划举办了团队的各种活动。2016年12月20日，在居委会新的办公楼上的小礼堂举办了骑游团队的跨年联欢会，新的办公楼空间大，便于活动开展。为了活跃团队中的气氛，还开展了"智力大冲浪"和"抢红包"2个游戏。"智力大冲浪"共25道题，具体操作上，3个袋：一个袋摸号，一个摸题，一个摸红包，整个过程由文工团请来的一位特约嘉宾主持。每个人都要回答一个题目，将这个题目找好打印，抽中题号后，回答题目，回答出来可以摸红包。最后由副队长发红包。红包：一等奖（60元）、二等奖（30元）、鼓励奖（10元）。为了使跨年联欢会有气氛、更团结，考虑到基金需节约使用，使明年较大的开支可以使用，所以，总的奖金为600元。老丁还请了一位特约嘉宾成员参加，这位特约嘉宾是专业演员，还表演了一个独唱，丰富了晚会内容，增强了晚会气氛。2016年12月24号晚上是平安夜，团队里搞了聚餐。资金也从基金会支出，用掉了1800元。

五 制度规范立起来——骑游队员走四方

团队设定诸多规矩，加入骑游队受到约束同时也会感到快乐。制度是逐渐形成的，在10~20人的团队便要制定宗旨，规划管理内容，琢磨做基金会。骑游队在成立不久便形成了一系列的规则，团队通过这些规则来管理，而不是依赖队长的意志和喜好来管理，团队的发展较早就步入正轨。现在每月有队会，会议主要是对上期做总结以及下个月的计划。成立基金会后，每个月 20 号上午 9 点大家就基金的管理进行讨论。

在十年前，老丁参加了规模更大管理更加规范的上海市老年骑游协会，一直是协会的会员，他在管理皇马骑游队后，就着手制定规则，强调只有符合上海市老年骑游协会的要求，才能成立正规的老年协会。因此，老丁认为了为了皇马骑游队的正规化，他必须肩负起责任，在制定团队的规则时参照了上海市的规章，并又重新修整。

修整的地方有以下几点。①申请加入要填表格，说明身体状况，这个之前没有的。②生死协定，在外发生意外，自己负责，如交通事故（队长可以出面交涉，请律师等）、身体突发状况。③本人要交照片。④居委会盖章，因为在社区发展，需要与居委会配合默契，才要居委会盖章。⑤服装自理（上海市要求交较高的会费，便发给服装）。⑥成立互助基金（不算会费）。⑦健康骑游，要对社会有责任，宣传绿色环保，队员都是志愿者、义工。

为何调整？制定规则和调整规则都是对队员有法律依据，对他们负责。同时，骑游队对小区环保等方面都有责任，如地铁周边治理，包括垃圾、黑车、乱停车。

制定规章是老丁的想法，其大都是在团队内制定的，居委会和政府没有干预或指导。成文的规则包括财务管理、骑游队的宗旨。但规则是不断修正逐步发展成熟的。老丁还制定规则，要求每年改选一次队长与副队长，希望团队发扬民主，原有一个副队长，也不是正式认命，后来选举张云兰为副队长，管理后勤总务，包括管钱、管账、通知、开会、装备，她是不可或缺的，她对工作热情且认真负责。但她是后来加入的成员，原来是合唱队的队长，她丈夫是骑游队元老，才推荐她加入骑游队。

每次团队出行都要制定严密的计划。老丁参考军队的卫生员制度，希望能将这一制度建立起来，为团队找一位"赤脚医生"。老丁考虑到因为大都是老年人骑游外出，最担心的便是骑游过程中出现的意外情况，如果有一个随行医生，便可以将风险降到最低，一系列的工作也方便安排。在团队中征询意见时发现，团队中便有成员是医生，他是南京医科大毕业的，从医30多年，他也就顺理成章地成为团队的出行医生，卫生员制度也随之建立。

团队每次出行后都要写报道，这成为团队发展的重要记录，而且《马陆报》还曾报道过团队的事迹。团队选出了一个随队记者——龚汉涛，他是后来参加骑游队的，在一次会议中，请他写2016年的骑游设想。写好后老丁非常欣赏，便提议选出一个随队的报道员，重任自然落到他头上，后来的报道都是他写的。写报道让大家感觉有一个总结、有回忆，写好后老丁将一些东西打印出来发给大家，让大家有一个美好的回忆。

团队开会通常在居委会，由老丁主持，每次开会都有记录。团队会议和活动有严格的请假制度，强调组织性和纪律性。老丁以身作则，每次都参加。队会也有签到簿，但不可能全都到，一般70%~80%的人可以到场。

骑游地点和内容都由老丁在出发前制定方案。出行也有一些规定，15 摄氏度以下或 32 摄氏度以上，停止骑游活动。有体能训练，即在小区外面骑行 10 圈，每一圈最少 2 公里，10 圈就有 20 公里。在骑游过程中，老丁也不断地宣传互助政策。

六　骑游队的成长扩大——从骑行到多元互助

（一）社区公益，由"骑行"到"公益"

老丁建立骑游队的第二个月，便感觉自组织团队需要一份社会责任和国家责任，在此基础上国家号召搞环保、做宣传、安防等，每个队员都义不容辞。为社区做公益是做骑游之外的事，但队员也都同意，因为入会时便说明了。这些责任也是参加骑游队的必须要求。自娱自乐的一些人要在团队内受教育，他们也会跟着正能量的人提高上来，刚加入团队，有些人不理解，他们认为这些是政府的事，应该由居委会工作人员去找成员来值班打卡，老丁便立即批评，说这不是他们的事，是大家的事。

现在所开展的公益活动主要包括地铁周边安全与环境保护。要有人值班，骑游队出了 8 个人，早上 8 点半到 10 点半，下午 2 点半到 4 点半。小区卫生，每周四部分队员要参加小区的捡垃圾，8 点半到 10 点半，2 个小时。防空演习、消防演习也是全部队员参加。2017 年 5 月和 6 月有两次任务，主要为幼儿园讲解传统美德与礼仪。骑游队的

30%是楼组长成员。来自每栋楼的骨干,当时吸收成员没有注意楼组长。居委会在2016年的最后一天还给老丁打电话,要求骑游队成员在20点到24点值班,因为有人乱燃鞭炮,老丁欣然接受。他们穿的衣服都是上海市统一的志愿者服装,有很多人(小区的保安、地铁附近的黑车司机)都问老丁:"你们有钱吗?",老丁说:"我们退休的都不差钱。绿色环保不分地点和时间。"

2016年上海市环保局推行垃圾分类环保行动,为了小区的环保事业,骑游队20多人都参与其中。骑游队还到其他小区,甚至到商场门口做垃圾宣传活动,拉横幅打广告,这些都是义务的活动。这些活动是居委会通知,由老丁组织参与。

有一次,一个白领上班着急,从楼上带了一袋垃圾下来就扔在垃圾桶旁,但没有扔进垃圾桶内,一位骑游队的大叔负责卫生巡逻值班,便立即指出来,让她扔进去,她不愿意,这个大叔便拉住她,非要让她提进去。大叔说:"如果你着急上班,为什么不早点出来。"晚上,这个白领回来后找老丁告状,说这个大叔调戏她,老丁因为已经了解情况,便直接指出她的问题,讲明事情起因经过之后,她也灰溜溜地走了。后来老丁还在队会上表扬这个大叔,这就是一种坚持原则的表现。

(二)社区互助,由"动"到"静"

皇马骑游队由最初的运动休闲团队,逐渐成长为现在的学习型自治公益团队,由"动"到"静",再由"静"到"动"的转变,诠释了骑游队在骑行中体会文化,创新社区文化,通过学习探讨,践行健康生活，再将公益行动实践在骑行中。

1. 多元互助平台

线上平台。现在网络社交平台的方便快捷得到了很多人的支持，骑游队的叔叔阿姨们也不例外。他们不仅构筑了骑游微信群，将自己的组织在网络上圈起来，还积极联系社区居民、楼组长，关注社区动态。副队长张阿姨身边就有一本小本子，成立"互助公益金"后，她更是有了带小本子的习惯，听到什么事就记下来，想起什么点子就记下来。一年多来，张阿姨的小本子已记了大半本。2016 年 1 月，临近春节，邻居 6 号楼的蔡老太突感不适，因蔡老太是独居老人，平时张阿姨就格外关注她的起居，将她的家庭电话等信息都记在了小本子上。这天正巧打电话给蔡老太问候，了解她不适后，马上陪同她到医院就诊，并及时联系其家人。张阿姨也常说："事情虽小，我只是随手一记，但能帮助到很多人。"

线下议事厅。骑游队每月召集成员进行议事会议，对相关队内事务进行协商之外，最重要的一项议程就是针对社区文化建设、社区互助项目进行议事讨论和"公益金"使用讨论。在议事的过程中，队员们往往会形成很多共识，解决很多问题。好世皇马苑小区北门出入口停车区域一直困扰着小区居民，每天北门口停满车辆，给居民带来了很大不便，也经常有人报警让违规停车的司机让道。骑游队的成员们将这些问题看在眼里，并将问题反映到了社区。陆家社区马上协调相关部门在小区门口规划了禁止停车区域，并协同物业重新制定了管理规范，有效并很快地解决了这个问题。

2. 多样互助内容

队伍自治。围绕骑游队的活动宗旨，为骑游队的日常活动和发展提供资金支持，将资金用于骑游过程中，队员发生不测事件，用于探望、慰问。

社区文化。围绕社区和居委打造社区文化的宗旨，根据公益金的实际情况，为社区文化项目提供相应的资金赞助和扶持。

社区互助。本着邻里互助的原则，遇有社区内特殊对象居民家中的生、老、病、死等特殊时段、事情，进行关心和慰问工作，对弱势群体开展扶贫帮困工作。

有了资金，骑游队就能更深入地投身到社区建设中。对社区楼道"幸福睦邻角"建设提供资金支持，移动书屋、E-life 生态角等楼道公共区域的改造，为社区居民提供了一个休憩娱乐的"温馨角"。郁郁葱葱的花草，满书架的图书，色彩缤纷的宣传版面，无不让人赏心悦目……原来来去匆匆的年轻人也会驻足，停下脚步或是端详，或是互相交谈，或是捐赠物品，或是提提建议，更有居民在自己朋友圈晒出了"幸福睦邻角"，为自己生活中出现的小小温馨角而感到自豪。2016 年万圣节，"幸福睦邻角"成了全社区孩子们的狂欢场所，居民们在"幸福睦邻角"齐聚一堂，热闹非凡，这里俨然成了欢乐的海洋。睦邻角作为居民们欢聚交流的平台，未来将创造更多的可能性，在空间上缩短邻里距离，达到睦邻友好的效果。而这些都得益于骑游队"互助公益金"的资金支持，他们还协同社区自治联合会共同参与了睦邻角项目的前期策划和宣传，让"小楼道"变"大睦邻"，全面激活居民自治活力。

骑游队"互助公益金"还心系社区内的高龄、独居老人，他们与社区"巧手奇缘编织队"携手，在寒冷的新春，他们带着自己早早就编织好的手工针织帽、围巾等为社区内的老人们送去了新春的祝福和慰问，带去邻里间暖暖的温情。这项行动已持续了两年，未来还将继续进行下去。骑游队作为社区自组织的翘楚，老丁深知自己队伍的表率作用和责任重大，他积极联系其他社区睦邻团队，充分整合资源，让"公益金"有用武之地。他常说："我们'互助公益金'完全源自于居民，也将最终服务于居民。"

七　骑游队伍自治理——利他就是利己

老丁说："七八人的管理方式是打游击，非常简单，也没有要求。但25人就要有规章制度。"团队中有一些更加具体的规则，包括以下方面。

（1）每次出行都配有随队医生、随队记者。骑游队员卧虎藏龙，随队医生原来就是医生，随队记者退休前是高中的校长。

（2）每个月20日开队会。

（3）入会要填写"入队申请表"，并在"成员准则"上签字。值得一提的是，家属也需要在这两张表格上签字，老丁很强调家属对这件事的知情权和支持度。

（4）每次出游都会有出游日记，每次开会都有会议记录，日后除了会议记录，开会还要有签到表。

（5）老丁有骑游队每位队员的档案，以及开会、出行的各项记录。申请自愿，退队也自愿，例如，因为房屋搬迁、高血压等身体原因退队。

（6）25公里／小时。皇马骑游队是为了健康业余的自主管理的团队，团队的要求与上海市老年骑游队要差一档。3月、4月、5月，每个月4次骑游，每小时15公里。老丁能达到每小时16公里，很多人受不了，便降到13公里／小时。所有人都不能超过老丁，他可以控制队形，不把大家甩太远。要遵守交通法规，比如骑游不能闯红灯，哪怕没有车辆。

之所以要制定这么多规则，主要是考虑安全、家属、交通法规、骑游队的环境。每次骑行之前，都要将团队的宗旨再说一遍、再解释一遍，做到有章法有制度。还有一些规则，是在开会总结时陈述，将团队管理规则真正铭记在心。

团队人员的逐步增加也会出现各种问题，集体行动到一个地方，有人会提出不同线路方案、天气等。后来规定30摄氏度可以出行，35摄氏度以上是不能出行的。冬天15摄氏度以下也不能出行。先看一周的天气，提前一周制订计划。骑游中，车与车的距离一米。老丁提醒大家，宽阔道路可以并行，窄车道不能并行。最后一个人要压阵，看管好所有人，丢了一个人，必须停止前进，找到之后才走，曾经发生过队员上厕所整个团队等了40分钟的情况；或者还有成员没跟上就自行回家，让队员们等很久的情况。如果团队里举行联欢会、聚餐，他的家属也要参加，因为他的家属也支持他。

严禁身体健康状况不佳的成员参加活动，不强求每次活动每个队员都参加，安全第一，身体不适一定要请假。生病了要派队长、医生、党员去慰问，上门探望，买礼品从基金里出，这样才会让队员感觉到团队的温暖。

规则都能严格执行，没有执行不到位的情况。如果违反，要当场批评指出，每月的例会也要讲，不能给面子，给面子便会有第二个人来违反。原则性的问题要当面指出，如违反安全法规，如影响团队声誉要当面指出并开会指出，教育大家。批评之后，一般都会改正，批评要注意方式方法，以理服人，对事不对人。不符合交通法规的，万一出现问题，会影响全队。队长不能妥协，换个人也可以批评，但可能对方不买账，团队中的 7 个骨干可以批评，其他人都买账。采取批评与自我批评，主要是希望整个团队能够和谐相处、相互包容。

骑游队的制度经过不断更新调整，不断完善，最初的管理制度不完善，后来制定了新的章程。新的部分主要针对志愿者服务，原来没有将这一部分定下章程，这个章程要开会 2 个小时来讨论，要每个人讨论、通过、执行，比如原来有的人愿意做志愿服务，有的人不愿意，现在必须愿意。新队员加入有一个考察期，通过 3 次骑游活动的观察才能考虑是否允许入队。对每个月的章程落实情况及时进行总结。每个月的 20 号开会讨论，包括协商议题，每一个内容进行总结、协商下个月的安排内容。

有的人有些坏习惯，有些认识不够，认为参加骑游队，只是来骑游，老丁便提出批评，老丁认为旗帜不鲜明，很难领导大家，他的原则性很强，现在很少人有这样的领导风格。

有新人要参加，老丁觉得需要符合几个条件，如身体健康、家庭不能连累、要有公益心等。有成员负能量较多，对骑游队的建设有负面影响，老丁劝其退队，征求他同意后，在队里宣布，服装、设备都交上来，老丁在垃圾分类的活动中通知大家。骑游队的人要很坚定地固定在团队中，没有这种思想认识不能加入，否则加入后会难以解决处理，所以这支队伍并不是每个人都可以参加。

老丁认为对团队的管理，如果出现队长管理能力较差、身体欠佳的情况，大家可以选出新队长。这也是吐故纳新的过程。为何要通过选举来决定队长、副队长？坚强的团队，要有民主、公正、公平的原则，如果没有这个原则，这个团队的发展是不良性的和不可持续的。老丁说自己不是想出名、出风头，作为社会的一员，必须有公德心，为大家着想。选举是为了显示公平和民主，2016年2月20日开团队会时，提出了民主选举，很多人对老丁说今年队长非他莫属，老丁说其他人也可以，有很多成员原来都是厂长、处长，包括一位民政局的处长，团队中的能人很多，管理经验、社会经验远远超过自己，团队中有很多优秀的队员，其实并不是离不了自己。选出来是让大家心服口服，民主制度建好后，未来将有利于整个团队的发展。

队里的通知、活动以及队员的具体事情由副队长张云兰负责。老丁在团队管理中以表扬鼓励为主，不抓住别人的缺点不放，但有原则性问题也会指出来，比如有人在团队中乱讲话，老丁便要给他指出来。

八 骑游队基金

"互助基金"于 2016 年 1 月 1 日建立。成立基金主要是考虑团队出发会有各种风险，人与人之间会有碰到一些意外，所以要互帮互助。小区里也有一些老年人，也可以拿这个基金对他们开展一些慰问的活动，这也是爱心行为。团队基金主要体现的是队员之间的互帮互助。收基金主要是针对骑行的过程中，队员发生不测事件，需要进行探望、慰问的费用，要经过全体队员的一致通过；用于逢年过节活动、队员生日的费用；每年有年拜会（过年时的一个聚会）；结合社区的活力，倡导和谐社区和邻里关系，能更好地维护团队与社区稳定，骑游队的发展。基金创立后，讨论制定了基金管理办法。首先，缴纳基金由副队长张云兰负责，财务管理由一名党员仇秀芹（管账，会计出纳），基金会有五六千元的团队基金，花费两三千元，还有三四千元，每个月要交队费 10 元／人，即使退队也不能退费，属于爱心资金，每年要报一次账。

用钱时由全队讨论，如果无法召集，则用微信群通知征询意见。开支主要是茶水费、门票费、中午聚餐费；有人生病、开刀住院，看望的礼品也要钱；以后会有一些额外突发情况需用钱；骑游队的正常费用。资金使用在出行时包括吃饭、冷饮、点心，每次活动最多不能超过 50 元，超过部分自己出钱。门票不能从基金里出，小额门票，十几元，可以团队出，高价要自己出。上海骑游队都要经济实力的，要包外出每天的吃喝、住宿等，但这在皇马骑游队是不可想象的。当出现意外、不测时，需要大家互助互爱。如有一个队员得了阑尾炎，大家去慰问，后来张副队长发微信征询意见，用了 250 元左右，这一件事不单是骑游的事。资金管理不是平均分配，而是一种积累，需要时才可使用，队长和副队长没有权力私自动用这笔团队资金，任何需要使用资金的时候都要经过大家讨论。

2015 年 7 月，团队发展到有十四五个成员的时候，便开始做小区的环保，在小区中宣传绿色环保，骑游队表演节目，老丁去朗诵，感觉自己有这个责任义务，将团队变成一个绿色环保的队伍。现在组织宣传环保，不差钱。居委会给的资金也是有限，为了宣传环保理念，上级搞垃圾分类，这有垃圾分类财政补贴给各级政府，这些钱指定一个人 600 元 / 月，一年 365 天都在看垃圾桶，居委会找了一个人干了半年，天天值班，最后都不想干。居委会找到骑游队，征询骑游队是否有人愿意做这个事吗，老丁征询团队，没有人愿意，但后来他还是跟居委会讲"我们来做"，因为他觉得这是骑游队分内的事，这 600 元资金便给了骑游队，这个钱也作为团队基金，主要使用在了团队跨年联欢会、聚餐。有人提出要将钱发给每个人，老丁不同意，因为发给每个人，骑游队的性质变了，他成老板，其他人成了打工者。志愿者付出这么多，也没有回报，有一次为地铁站的安全、综合治理做志愿者，早上 7:30 到中午 11:00，中午居委会让大家到店里吃了一份蛋炒饭，每人分发了一瓶洗发水，志愿者们既高兴又有成就感。

当时发起，老丁便想过要互帮互助，因为骑游队出行有风险，需要建立一个互助基金，疗养要探望，在家要上门，这个都涉及费用，因为曾经出现过这种状况。不光是跟骑游有关系，团队都要探望，并不是专款专用。建立这个基金，大家都没有异议。今天是骑游队员，以后房子卖了或者其他原因退队了，这个钱也是作为爱心资金，不能退还，这个基金管理办法就要想好，这是经验之谈。老丁碰到过这种状况，他曾被公司派到南亚工作，那里有一个南亚华人协会，是一个较大的小商贩协会，其中有资金协会在当地遇到困难，资金上需要人协助，这个协会能提供帮助。皇马骑游队的钱虽不多，但对队员而言，是一个安心的保障。团队基金管理方法，是在队伍讨论过程中制定而成的，不是由一个人说了算。

在团队收获到的是快乐，以及没想到的这么多的回报。获得志愿者先进分子的荣誉，也是一种回报。因年龄和身份的关系，老丁无法做人大代表，但作为志愿者的回报，如毛巾、牙膏，具有较大的鼓励性。2017年团队打算准备一些奖励性的物品，在年终总结中，用口头奖励和书面奖状替代金钱与礼物，对皇马骑游队的积极分子，颁发奖状以资鼓励。团队曾经也获得过一些荣誉，2015年得到过（陆家社区）先进集体称号。同时，老丁个人得到了嘉定区的"志愿先进者"的荣誉，奖励是一份报纸，但老丁送给了团队记者。

由于骑游队和居委会之间是协作关系，但居委会对骑游队并没有对类似社区志愿者一样的要求，双方之间形成了默契的合作。2017年，骑游队骑行到F1赛车场，门票便是由居委会写申请，由陆家社区来出钱的，2016年30元，2017年只需要15元；社区中的场地骑游队可以申请使用。但居委会没有给经费支持，骑游队也没有想去争取经费支持。在外面吃饭和门票（公园、景区）都是队员们 AA 制。

2017 年，老丁萌生退意，主要是希望团队能持续发展，而不是一直由他这个老人占据关键位置，应该不断有新生力量领导团队，现在这套规范、制度建立起来，后来人管理起来也能比较顺手轻松。他建议团队要民主选举的方式，每年一选，包括队长、副队长、财务（会计、出纳），医生、记者没法选，直接委任。这样才能吐故纳新，队伍才能不断进步发展。他要退下来，团队也不会出状况。他准备在交班时，进行一个交班仪式，并发表感言，打动人心。但团队内有 2 个骨干分子有呼声，认为老丁还没有到身体无法工作的状态，不必这么快退出。自治管理担任团队负责人。如队长、副队长，需要有几个条件：①本人要有良好的教养；②家庭要幸福，有精力来管理；③要有大爱；④要有爱心。

九　从"居民自治"走向"社区善治"

社区治理、社区营造归根结底还是靠"人"的参与，在推进社区建设的过程中，还是需要依靠"居民自治"来带动"社区共治"，从而达到"善治""德治"。

皇马骑游队在自我运转的同时，也参与到社区建设的"公转"当中。它作为康丰社区"四叶草自治联合会"的核心成员组织，参与到社区议事厅中。自治联合会每周定期开展民情议会，将各成员以及各自组织召集起来，对发现的问题进行梳理、讨论，对特定的议题以及难以解决的难题交由居委、社区联合商讨。大到小区整治改造、停车管理、沿线交通管制，小到楼道美化、活动策划、走访慰问。联合会2016年通过议事协商各类问题28件，解决了25件。其中不乏"皇马骑游队""互助公益金"直接参与的"皇马骑游公益行"项目、"幸福睦邻角"项目、夕阳护航等项目。而今年，自治联合会的运作模式、成员组成、管理效能、活动形式将不断升级，通过多途径、多渠道、多方面调研社区居民需求，以更多元化的活动方式扩大自治影响力、带动更多的邻居参与社区。联合会还制定了民主协商、联合协作、群众协同、监督协议四个工作机制，联合居民力量，整合青年资源，引领推动睦邻氛围形成，促进参与小区建设管理深度。

　　皇马骑游队正用他们独特的方式，从"骑"到"游"到"行"到"治"，使更多居民们感到"家"就在这里，"梦"也在这里。

红梅"帮帮团"
——安亭镇红梅社区

一 红梅社区介绍

安亭镇红梅社区地处安亭镇中心，由新老结合 6 个居民小区组成，是安亭镇最大、最老的社区之一。安亭镇红梅社区辖区面积 28.9 万平方米。社区现有楼组数 209 个，住户 3456 户，户籍户数 1757 户，户籍人数 4260 人，常住人口 10122 人。红梅社区是一个居民结构相对复杂的社区，拥有"五多"的特点，即老年人多、下岗失业人员多、社会救助对象多、出租户多、外来人员多。这些相对落后和复杂的条件给社区治理带来较大难度，制约了社区发展。

随着近年来城市化进程的推进，社区人口大量导入，社会流动性加大，群众需求呈现差异化与多样化的特点，这些对社区治理也提出了更高的要求，各种各样的新型小区应运而生，很多老旧小区在城市化的进程中日趋衰败，渐渐褪去了"颜色"。但是红梅没有，就像她的名字一样，在高楼林立的现代化城镇里，她始终绽放着自己独有的一抹鲜红颜色。这里的居民们安居乐业、和睦互助、邻里守望，使得社区生活其乐融融、多姿多彩。这些色彩中最鲜活的一抹，就是红梅"帮帮团"。

红梅小区大部分是上海十家市属企业从市区搬迁到安亭之后集中安排的职工宿舍。最初的叫法是"一号公房""二号公房"等。在1985年左右交房分配后，这些单位才陆续搬来。具体是以下10家单位：汽车厂、人造板机器厂、上海阀门厂、无线电专用机械厂、雷磁厂、探矿厂、二分析仪表专用机械厂、自动化仪表厂、禽蛋五场、汽车发动机厂。这些房子有些是"筒子楼"，几家共用一个厕所和厨房。居住在这里的居民有领导、普通职工等。因为是老小区，所以老人居多。

红梅社区居委会成立于2002年，是由当时的几个社区合并而成，合并之前叫一居委、二居委等，当时安亭其他几个社区成立之后也都是以各种花的名字命名的。因为红梅社区诸多单位房的建造，安亭这个地方才渐渐变成了一个镇。

红梅社区大多是老人，有些是同事关系，邻里之间较熟络，邻里关系也很快建立起来。与其他几个新建小区相比，在红梅小区社区认同感与凝聚力较强，如停车位改造，为了社区居民公共利益，有居民积极做反对者的思想工作，但新建的电梯公寓的居民邻里之间较为陌生，还存在一些疏离感。

二　社区需求——养老

安亭镇是老旧的汽车城，这些小区建设时间早，安亭镇老小区聚集的老人都集中在昌吉路两边，红梅、迎春、玉兰第二社区，因此这3个社区的养老需求也特别大。因此才有后来睦邻互助队的行动。

红梅"帮帮团"是社区居民自发自愿形成的志愿者团队，旨在为社区建设互帮互助的良好氛围，鼓励居民共同管理好自己的社区。随着社区自治的不断深化，2016年初，红梅小区为解决公共绿地小花园破旧和因花园产生的各种占用矛盾、环境问题，以"帮帮团"为核心开始着手"老区新景"的小花园的改造项目，在居民"老带小，小拉大，左邻喊右舍"的"传带"效应下，用大家的智慧共同打造一个属于居民自己的花园，这一举动打破了"社区建设完全依赖政府"自上而下的观念和格局，也是红梅老小区"硬件不足软件补"的一贯做法。红梅老小区虽然基础条件较差，但正是依靠"帮帮团"里的热心居民的努力，大家安居乐业、邻里和睦相处，老小区活力不减当年。

三 社区能人——任雅筠老师

任雅筠老师2017年80岁，在社区住了40多年，社区居民都认识，威望较高。单位制时期，12个厂在当前社区居委会办公楼所在位置办了一个幼儿园，任老师任园长，附近12个厂的职工送小孩上学时，都是到这里，所以他们都认识任老师。

任老师与互助队另一个核心成员焦阿姨一样，是社区里的热心人，积极参与环境整治等工作，因为她们的孩子都在同一个托儿所，她很早之前就认识了。互助队其他成员是附近单位退休的阿姨，她们退休后赋闲在家，参与很多社区的活动，也是社区的门楼组长。睦邻互助队最初创立是由于同情一位年老同事无人照顾，才发起一些人照顾这位老人，在此过程中，更多人被动员参与，到后来互助队参与服务整个社区的高龄老人。

由于任老师年事已高，社区分管社工的相关人员便接手这个事情，并号召社区其他年轻一些的阿姨来参与负责。

四　团队组建过程——敬老助老你我他

1. 第一波：照顾老华侨

红梅"帮帮团"从成立至 2017 年才 6 年，但是红梅居民邻里互助的传统由来已久。"帮帮团"也是在以睦邻互助队为主的一些的社区居民志愿者团队基础上发展壮大而来，可以说睦邻互助队就是"帮帮团"的前身。

说到睦邻互助队，要追溯到十多年前的一段故事。

那时候红梅社区住着一位印尼归国华侨曾文昌。老人在晚年身体情况不佳，因糖尿病以及右腿坏疽，并发症到了晚期，老人一度情绪失控企图自杀。一位居委会干部的爱人与这位华侨退休前是同事，来看望他时，发现他特别需要照顾，便动员了爱人及十多个社区里的热心阿姨来照顾他，其中便有任老师。居委会干部和志愿者坐在床前，进行连续 3 个小时的耐心劝慰、疏导；在他病重期间，志愿者们总是不忘带上营养品上门探望他；大年夜还特地烹制了老人爱吃的大明虾和带鱼去陪他。正是社区居委会的干部、志愿者和好乡邻们，陪老人走过了人生的最后一站。

曾文昌在国内没有亲人，临终前他将15万元积蓄全部捐给红梅社区居委会，用于设立助学金——文昌基金，该基金旨在帮助困难学生。他的捐赠，更像是一种反哺。正如他在遗嘱中写道："居委会的志愿者帮助我最多。"

该基金主要目的是对困难家庭子女的助学、困难家庭的帮扶。基金由居委会代管并设立了独立的账户，由于当时钱是捐给居委会，每年清明给老华侨悼念，也是从这里出资。目前基金没有进账，只有出账。因为程序复杂、运作困难，所以没有成立基金会，基金监管主要是用居务公开的方式。其实困难家庭子女上学是以民政口的帮扶为主，这笔资金没有得到利用。使用资金的时候，别人认为这些家庭还没有达到使用这笔资金的条件，因为还没有遇到真正的困难或者突发事件。

当时互助队有14名成员，清一色是阿姨，年纪最大的76岁、最小的52岁，"娘子军"的平均年龄为65.6岁。这14位阿姨本是"小姐妹"，她们有的曾是工作同人，后又生活在一起，从帮助身边的老邻居开始走上了志愿者之路。这14名队员团结一致，发挥余热，为居民排忧解难，调解矛盾，上门服务，俨然成为这个小区的编外居委会干部。队员们分成3组，对划分责任区进行"承包"，提供无偿服务。她们对自己辖区里的大事小事了如指掌，总是第一时间出现在需要帮助的邻居们面前。

互助队队员金海平家住一楼,邻居只要用竹竿敲一敲她家的天井,金阿姨就知道有事找她帮忙了。隔壁的老太太就是"敲竹竿"常客,电视遥控调不出了、想要买个手机……不管遇到什么难事都要来商量。楼上楼下邻居有矛盾了,更要找她来主持公道。金阿姨的丈夫为此给她取了个外号"管闲事大王"。

互助队队员左玲珠家隔壁的曹兴观老师傅是位独居老人,80多岁的高龄,患有糖尿病多年,并引发有糖尿病并发症,身体状况不佳。左玲珠关心曹师傅的身体状况,时常去看望他,帮他打扫房间,有时曹师傅衣服破损了,也是左玲珠帮着缝补。由于左玲珠和曹师傅住得比较近,两人约好"小暗号":每天早上左玲珠会经过曹师傅家的北面窗口,如果窗户开着就代表曹师傅身体状况良好,可以自己上下床;如果窗户没开就代表曹师傅可能身体不太好。这个"小暗号"两人坚持了许多年,曹师傅还把自家的备用钥匙给了左玲珠保管,以备不时之需。有一天上午,曹师傅家的窗户没有像平日那样早早打开,左玲珠就拿着备用钥匙打开了曹师傅家的门,发现曹师傅躺在床上,人很难受,一问是心脏病复发了,左玲珠立刻通知居委会,一起把曹师傅送到了医院,因抢救及时,没有造成生命危险。后来曹师傅的子女给老人请了一位护理工,有了专人照顾,左玲珠也放心了,想把备用钥匙还给曹师傅,但曹师傅执意要让左玲珠保管钥匙。

楼上201室的金师傅是左玲珠几十年的老邻居,金师傅也是位独居老人,更是一位精神病患者,在家里发病时他会大喊大叫,左玲珠听到了就会马上上门查看情况,安抚金师傅的情绪,并嘱咐他一定要按时吃药。有一次金师傅发病，在家里乱发脾气、摔东西，左玲珠发现他目光呆滞、双眼发直，马上联系居委会，随后与社工一起把金师傅送到了医院进行医治。左玲珠经常上门了解金师傅的精神状态，陪他聊聊天，关照他每天按时吃药，有时也帮他打扫卫生。金师傅每次发病的时候，左玲珠就会马上联系居委工作人员，避免了楼道里其他居民的麻烦。楼道内有 2 户老人把钥匙交给做左玲珠保管，并用"暗号"与左玲珠传递信息，让她不得不每天"探头探脑"、上下楼好几次，对这些老邻居来说，左玲珠不是亲人却胜似亲人。

睦邻互助队队长任老师已 80 岁高龄了，多年来她与 80 多岁的邻居张奶奶结下了深厚的友谊。张奶奶是一名独居老人，儿女都住在市中心，子女虽然多次叫母亲搬去同住，但张奶奶不愿离开红梅社区的老土地。任老师对张奶奶的生活照料得无微不至：病了，陪着看病拿药；闷了，陪着聊天散步；张奶奶遇到什么困难，任老师都会当成是自己的事儿。张奶奶要装空调，任老师跑东跑西联系安装事宜；空调悬挂的墙壁要破洞还得重新粉刷，得费几天工夫，任老师为张奶奶安排宾馆住了 3 天。逢年过节，自己本应与儿孙团聚，尽享天伦之乐，可任老师放心不下自己的邻居，留下来照看她。

2012 年，互助队的服务对象从 30 人增加到了 40 人。春节一过，队员们就忙着"排兵布阵"，详细制定各组人员走访慰问的对象。走访对象中，有重病患者 9 人，独居老人 22 人，其他为 90 多岁的老人以及离休干部。互助队队员人数依旧较少，所以任务繁重。

有一次，家住 203 弄 5 号 306 室的朱金构突发脑梗，队长任老师和队员们自掏腰包买了慰问品去看望；203弄8号101室的张月娥哮喘病复发住院后，任老师几乎天天前往探视；有一次，一位老伯由于久坐曝晒而不省人事，陈香娣、左玲珠等好几位队员轮班上门探望，队员焦金花看到老人脖子上空空的，怕他受凉，把自己爱人的一条新围巾给了他。

2006年至2011年，5年间睦邻互助队先后帮助了小区120多位80岁以上独居、卧床、生活困难的老人。睦邻，是她们的愿望；互助，是她们的宗旨，自她们成立互助队以来，坚持"老帮老"。那些年，她们包揽了社区80岁以上老人重阳节走访的所有任务；她们承担了元宵"包汤圆"、端午"箍粽子"的工作；她们始终坚持对左邻右里的关心，做到"有一分热，发一分光"。

当她们把一顶顶亲手编织的绒线帽送到社区老人手里时，得到了最真诚的感谢。离休干部胡志龙亲切地称她们是"最美阿姨"。独居老人曹兴观更是激动地说："我的命是阿姨们拉回来的，戴着这顶爱心帽，我会好好生活下去。"近90岁高龄的方忠诰，拉着互助队志愿者任老师的手说："你们已经照顾我6年了，你的白头发都快赶上我了，你们也要好好照顾自己的身体啊！"

红梅睦邻互助队用自己实际行动送去了对老人们最真切的关爱。互助队做的好事，说也说不完。

2. 第二波：照顾老干部

由于社区老年人多，离休干部全靠居委会的人员照顾不过来，只能通过动员社区自发来解决社区中最为紧迫的养老问题。受到照顾老华侨的事情启发，大家成立了成立睦邻互助队，旨在照顾离休老干部。居委会书记鼓励大家积极参与互助队活动，几个阿姨积极关注社区事务，兼任积极分子志愿者与楼组长的身份。虽然当时并没有"今天我服务别人，以后别人也服务我"的理念，但现在也专门成立了一个专注于志愿服务的项目。任老师是负责人，因为她没有分到某一个特定的组，所以将13人分成3个组，每个组各有组长，包括左玲珠、顾美香、张伟芳，每个组四五个人，将红梅社区分成3个片，一周去走访一次，分开走访、打电话，所以任老师参加所有小组的走访。每个组大约负责6位老人，大部分都居住在周边，所以几乎每天都会去。睦邻互助队队长有一个笔记本，详细记录着上门、打电话、老同志的情况，并每隔一段时间及时更新信息，这样走访结对的名单也会更新。

3个队长就是团队的核心，成为大家服务的主要动力。互助队员活动积极，只要有任务大家都会积极参与，因为大家同在一个单位，组织成员彼此也比较熟悉。分组是按照居住远近划分的，大家相处得和谐融洽。组里有的人身体不好，其他13个人都会去看，遇到家里有事，如子女结婚、配偶出事等，大家都会互相关照。

跟各组上门走动时，任老师对每家的情况也都有所了解，每月集中14个成员共同开会讨论一次，每月会议所有组织成员都要到场，大家谈谈情况。平时有什么新情况，如老人生病了或者需要帮忙，则是这个片区的小组过去。当时想到分组，是因为红梅社区的住户普遍年纪较大，人比较多，分成组更有效率。节日里，互助队分组上门，入户分发各种物品，这样组织活动更加有效率，同时大家还会抽空给老人们织毛衣和帽子。

逢年过节大家通常会送东西给老人，端午、重阳、元宵各大节分别送粽子、糕、元宵。元宵、粽子都是阿姨们亲手做的。有时会请老人们到居委会品尝美食，大家共同陪老人聊天。活动经费大都是居委会负责的，有时片区里有人生病，则组织成员共同凑钱去看望老人。团队里有人生病，大家一定会组织慰问，所有队员都知道，同时也会告诉老人的子女，等到子女来了后，队员们再走。组织成员很团结，分派了任务都会按时完成。任务大多是送东西，需要爬楼，一天入户送物品会令人特别疲倦。这几个阿姨性格都很温和亲切，被服务的老人们都很感激她们，认为这比自己亲生儿子、女儿还好。还有一位105岁的老伯，也很感激她们，他有事会跟睦邻互助队的阿姨说。

睦邻互助队，原来多是任老师在管理，她也时常就大事向居委会报告。居委会有事情要她们做，由任老师传达给其他人，居委会也会咨询她们几个人的情况。小东西她们都是自己买的，探望生病的人（被照顾的人）的水果也都是自己买的，她们跟这些老人都很熟悉，把他们当长辈，认为要照顾他们，这些钱都没有找居委会报销。二十几元的水果，4个人平摊，没有不愿出钱的人，大家也没有对这种方式提出意见。居委会曾经提出报销，但是大家还是自愿分担这一笔钱。这些老人心里明白，他们对这些阿姨也很好，她们爬楼送东西，他们也很不好意思。通过与居委会、老人建立这种良好的关系，这些队员也在某种程度上逐步减少了对利益的诉求。

"帮帮团"当时叫睦邻小组，有3位阿姨在团队，小组事迹上过报纸，后来发展成"帮帮团"，前后大概有 5 年的时间。后来任老师由于年龄较大便离开了，由于之前并没有建立好相关的规范和制度，大家对团队的转变并没有提前做好准备，难以适应，因此最初的 14 个人中，只有 2 个人参加了红梅"帮帮团"，其他组织成员随着任老师的离开，也离开了团队。其中骨干的 3 个队长全部离开，也有一部分原因是年龄因素，确实难有足够的精力承担这些工作。组员们共同活动，与老人们接触时间长，与老人们积累了深厚的感情，任老师还会常去看一些老人，有事情他们还会打电话给她，虽然她现在不做了。

社区还有人在做老伙伴计划，即一个人负责管 5 个老人，有 6 个人在做。之前睦邻互助队也承担这部分工作。但当时开始做的时候，也没有计划，没有考虑到中老年人养老年人的可持续性。

3. 第三波：照顾高龄老人，成立"帮帮团"

2012 年，在红梅睦邻互助队的基础上，"帮帮团"成立了，相比于前者，"帮帮团"不但把志愿者队伍扩大了，更是把志愿服务从原有的"老帮老"拓展到了社区生活的方方面面。社区搭建平台，提供场所，鼓励他们自治，形成了"社区搭台，居民唱戏"的良好机制。队伍更新也是居民自己来开展。

"帮帮团"继承了互助队的助老传统，为社区高龄老人提供关怀和照料，尤其是空巢老人、独居老人。"帮帮团"里有一支"老伙伴"志愿者队伍，他们是由社区退休党员、党员家属组成的，平均年龄超过了 65 岁。他们通过制作结对服务"帮帮卡"向独居老人们告知自己的联系方式，架起与老人们的"连心线"，在老人们遇到急事、难事时能及时提供帮助。他们不仅在过年过节期间为老人送温暖、送实物，平日里还为他们提供最贴心、最及时的服务：清理阳台积水、上门理发、送菜送饭、送医陪护、代付公用事业费、劝架等，只要是能想得到的事务，他们都能为老人做到。

"帮帮团"刚开始是单位同事来帮助，后来不分单位了。2009年新书记刚上任，便分配任务给社工落实责任块区，2012年进行分片管理，镇级全面铺开，同时让社区的社工也加入进来。新书记估计社区80岁以上的老人占比大，另有40多个独居老人——主要因为儿女住得远，也有些老人生活困难，但是社区真正困难的老人们数量也并不多，因为老人们基本都有退休金。针对社区老人人数增多的情况，社区便开始动员更多的成员参与到助老服务中。

上级希望分片区管理，让这些志愿者分到16个块区，组成80人的规模。16个块长管好自己块区，每个块长下辖四五个骨干。平时事务由块长来负责。块长事务很多，不光是为老人，也要负责社区治理中各种事项。每个月的15日上午举行块长会议，社区的16个块长集中到社区二楼的会议室开会，会议由副书记主持，其他参与者还包括社区的社工，有时还会有片警。社区负责人和社工主要把把近期社区发生的事情向大家通报，同时如果有任务的话，也会在此时通知。

队伍逐步扩大了，人多了。原来睦邻小组由十多个人扩大到二三十人，成员们为何积极加入？有组织成员说："能帮就帮，远亲不如近邻，自己也有年纪大的一天，现在我照顾别人，以后别人照顾我，现在我们的服务被记录下来，以时间的方式，到时我们老了，也可以享受这么多时间的服务。"很多成员都是自愿要求进入团队，也有关系好的成员动员，参加这个活动的大多数都是服务独居老人的志愿者。逢年过节队伍都有活动，为老人们送东西过去。最大的老人已经 106 岁，每年到他生日还会庆祝。

"帮帮团"的服务对象从一个人到老干部，再到 80 岁以上的独居老人。照顾老干部采用结对的方式，2 人或 4 人一组帮助一个老干部。"帮帮团"刚开始就有重阳节、中秋节、元宵节、春节的庆祝活动，建党节、建军节等节日也会走访。重阳节是覆盖所有户籍老人，由"帮帮团"提供一份长寿面、重阳糕等。刚开始，老人生病了，"帮帮团"也会去看，也会自己花钱为结对老干部买东西。后来去看望病人，居委会会给点钱。

老帮老为老年人之间的服务，以低龄老人帮助高龄老人，关怀、慰问为主。生活上的帮助较少。社区比较成熟的活动有：环境整治、文体表演（戏曲、舞蹈、歌曲）、块区志愿者（综合掌握情况）、为老服务。社区现在准备注册机构，团队人员是为老服务的核心骨干，优先服务本社区的，并承接其他服务。

五 小团体成长壮大——从睦邻互助到红梅"帮帮团"

随着影响力的逐渐扩大，有越来越多的热心人士加入团队，整个"帮帮团"有 200 多人，大部分门楼组长也加入了队伍。目前红梅

"帮帮团"共有 4 支大队伍，下面还有很多小队伍，因此是多个团队的组合。队伍成员大部分都是同居住在一个区域的居民，或者是同事和邻居，社区找这些那些热心的居民，希望大家通过相互介绍来壮大队伍。80 位志愿者中的核心人员和 16 个块长是骨干。所有的志愿者还没有严格的分工，同时参与多项社区活动，如助老、卫生等。"帮帮团"的负责人是社区居委会民政口的负责人。组长还共同建立了一个红梅微治理群，同时合唱队、"老区新景"都也分别都建有微信群。夕阳红歌唱队、舞蹈队、卫生整治队，也属于"帮帮团"队伍。

块长负责管好自己块区，队伍中有四五位骨干。2002 年，2 个居委会合并成新的红梅社区居委会。平时事务由块长来负责。块长事务较多，不光是为老，大部分都是为居民。每月 15 号是块长会议，居委会干部，两委委员都参加。如碰到双休日，顺延到下周一，不用通知，一般大家都会参加。会议内容主要是居委会总结上月工作情况以及进行下月活动计划，社工说些条线上的事情，与块长交流发生的事情以及好人好事。如有困难说出来大家共同一起解决，块长会议相当于每个月的沟通会。参会人员属于"帮帮团"的超核心团队，其下面七八十人也是核心团队。

环境整治队最早有一个党员护绿队，动员了社区的党员，向这些睦邻互助队的阿姨学习，是"帮帮团"成立后成立的。这些加入者之前也做别的志愿服务，护绿队将社区内的很多志愿服务囊括起来。社区工作量不断扩大，分担了居委会很多的很多负担。护绿队有矛盾调解、环境整治（6 个小区，每个小区都有）、文化宣传（宣传、精神文明、科普、健康自管）、助老义务，共有 4 支大队伍，下面还有很多小队伍。4 个大队伍有相对核心的人物。整个护绿队有 200 多人，门楼组长都在里面，加入了所有队伍。环境整治 16 个块区各有 5 人，16 个块区（网格是镇里的叫法，块区是在网格之前便叫出来了。一个块区按户数来划，有 230~250 户，一个社工负责 2 个块区。）

从 2014 年开始创城到 2016 年 10 月持续整整两年。当时创城，红梅小区是老小区，年轻人都搬走了，社区老年人居多，有很多房子都是租给了外地人，环境脏乱差。为了配合创城工作，当时社区书记跟环境整治队的队长沟通商议，决定要成立一个环境整治队。如何发动志愿者，号召大家共同参与整治环境成为一个难题，在此种情况下，社区成立了一个以党员为主的，22 个人的队伍。规定每周三上午集体出动，改善小区环境。活动起初得不到居民的配合，他们觉得这些人吃饱饭没事做，刚开始清理活动的时候受到的阻力相当大，老百姓各种冷言冷语。由于碰到了居民的切身利益，例如居民把废纸箱堆在楼道门口、大门口，还有破旧的脚踏车，他们全都当作宝，整治队的队员去碰就不行。但是后期，经过一段时间的坚持之后，居民的态度也有所转变，社区的环境也变好了。

乱堆物、乱种植、乱晾晒一直是红梅老小区管理的难点。在创建全国文明城区、国家卫生城镇的大环境下，如何彻底的整治脏乱差，营造优美整洁、文明有序、和谐平安的生活环境，成为社区治理的大难题。

正在大家头疼的时候，"帮帮团"又站了出来："造成老小区环境治理难的原因有多种，既有外部客观因素——物业由于历史遗留问题，服务一直跟不上；老旧设施破损严重，维修基金捉襟见肘；也有主观原因，例如居民文明习惯没有养成，对环境造成了破坏。不管内因外因，自己小区的问题还是要靠我们居民自己来解决。"这个想法被拿到居民会议上，得到了大家的热烈响应，一支社区志愿者"环境整治队"成立了，队员们每周三上午开展集中活动，平日开展分区域管理，小问题及时清，"老大难"问题周三做。

昌吉路237弄27号王阿姨是社区的"老钉子"，乱种植、乱晾晒、乱饲养、乱堆物样样都有，整治队每周三都要到王阿姨那兜一圈。王阿姨也和整治队杠上了，拔了小菜，卖地瓜；清了柴火，收垃圾；丢了垃圾，养小狗；圈起狗来，卖蔬菜。在数月的对峙、教育下，王阿姨终于被整治队"制服"了，每天早上她会清一清堆物，扫一扫垃圾。237弄27号的居民怨声也渐渐平息了。

曾经睦邻互助队的左玲珠，自从"帮帮团"成立以来，她的志愿服务"业务"也拓宽了，加入了环境整治队，而且是队里年龄最大的老同志。每周三卫生整治，她非但不掉队，还冲在前面，左手拎着垃圾桶，右手拿着一把火钳，地上的垃圾，绿化带里的塑料瓶、玻璃瓶、拖鞋、塑料袋各种生活垃圾，都逃不过左奶奶的眼睛。小区一圈转下来，她手上的小垃圾桶至少要倒上七八次。

早上环境整治结束后，她还要在小区兜上一圈。小区墙上黑广告肆虐，左奶奶每次巡查小区时都会带上一把小铲刀，有时看到小年轻贴黑广告，她好生劝阻一番："小伙子啊，这个小区就是我的家，你在我家里贴黑广告我是绝对不允许的，刚清理的墙壁贴得乱七八糟，破坏了小区的环境，是不尊重我们劳动的啊。"

居民有时为了贪图扔垃圾方便，垃圾桶盖一直开着，这样一来，夏天的厨余垃圾容易招来苍蝇蚊虫，更是臭味熏天，若是再碰到下雨天，垃圾桶装的全是雨水，左奶奶每次值日都要把小区的垃圾桶盖盖好。

防盗门是防偷防盗的第一道关卡，底楼的居民为了进出方便通常喜欢拿石头卡住防盗门，这样一来会造成安全隐患，二来防盗门都是电子的，长此以往会对电子元件造成损坏。左奶奶每次看到没关的门定会马上关掉，并提醒居民爱护公共财物，加强安全防范意识。

在"帮帮团"环境整治队的努力下，居民的陋习正在一点点减少，社区环境正在一点点变得美好。

社区是个大家庭，也是个大舞台，丰富的社区活动载体是社区建设的基础。"帮帮团"以社区文化为载体，以文化凝聚人心、发挥团员的文艺才能为方向，组建了合唱、戏曲、腰鼓、舞蹈等各具特色的社区文化团队，不但丰富了居民们的生活，在调处矛盾上也有意外收获。

家住金厢园的老王因小区配套用房一事多次信访，成为了一名让居委、物业、业委会都头疼的"老访户"。"帮帮团"在多次走访后，老王热衷戏曲的爱好被"挖掘"出来，从"唱一唱"入手，老王成为了"帮帮团"的一员。他不再上访，他还成立了"开心乐队"，每日和票友们排戏，奔波在各社区演出，去年年底"开心乐队"还唱到了"大爱东方"的节目中，成为了安亭镇文化团队的一面旗帜。现在的老王把他的"开心乐队"作为生活的重点，把志愿服务作为生活的重心。

"帮帮团"内不缺文艺好手，他们保证社区活动周周有、月月新，社区大型活动在"帮帮团"的助力下精彩好看。热闹的社区文化活动不仅丰富了居民的文化生活，更促进了居民的交流，居民的生活变得开心快乐。

社区工作包罗万象，大到生老病死，小到烟蒂纸屑。"帮帮团"为了更好地"知民情、晓民意、察民心"，做居民的贴心人，打造了"有话大家说"议事平台。

这是给居民提供一个畅所欲言的平台，每周三下午定时定点举行活动，"帮帮团"也会安排队员一起参与。来到这里的居民会对社区建设提出自己观点和疑问，而大家就针对所提出问题一起讨论解决的办法。

这一平台将居民"请进来"，"有问题大声说，有困难大胆讲，有意见大胆提"。在一次次的"说会"中，"帮帮团"为居民解决了居民最关心、最直接、最现实的利益问题，打造了社区"关注民生、畅通民意、倾听民意、汇聚民智、解决民忧"的常态工作品牌，"帮帮团"成为了社区"智囊团"。

芙蓉新村由于分批建造的原因，社区内有四大门，即银行东大门，医院北大门，老区西大门，商圈南大门，每日来来往往的不下数万人，小区道路已然成为公共道路。好处是居民的出行方便了，坏处是小区的偷盗案连连攀升，居民的生活安全得不到基本保障。如何才能还芙蓉新村居民一个安全宜居的家园？居民们来到了"有话大家说"。有居民建议"封掉北门，关起东门"，老年居民不乐意了"看病远了，取钱难了"。"帮帮团"在听了各方意见后，想出了安装门禁的好点子，小区四扇门一扇也不封，本社区居民凭卡出入，外来人员走大路，这样一来小区"封闭"了，人员出入得到了控制，居民的安全也得到了保障。门禁安装办成了群众满意的民心工程。

再比如家住 251 号的郭伯伯说，他们楼下的"芳芳美甲店"安装了一块激光广告牌，晚上灯光刺眼，严重影响周围邻居的正常生活，多次与店主交涉反遭辱骂。还为此事报过 110，但始终得不到解决。"有话大家说"的建立让郭伯伯找到了希望，大家你一言我一语，出谋划策。一方面居委联系城管部门对店主进行规劝，另一方面"帮帮团"多次上门做店主思想工作，告知和气生财之道，最终店主主动拆除了广告牌。

"帮帮团"在"有话大家说"实现了从"要我做"到"我要做"的转变，将"大家说"提出的问题通过"帮帮团"去解决，齐众人之力量，聚心、聚智、聚力，凝心聚力，博采众长，努力创造一个和谐安居的幸福红梅。

"老区新景"的项目是回应百姓的诉求，改变小花园的生活环境。由于小区锻炼时不方便，只能围圈来锻炼。项目执行过程中，"老区新景"项目组的成员因为听取过意见，了解情况。项目负责人是社区的书记，阿姨们实际去操作，挖掘能人，居委会充当协作者。"老区新景"会涉及植物种植、晾晒竿的改造，需要木工、焊工，因为"帮帮团"阿姨居多，她们可以找到社区里很多原来在厂里工作的技工。

本来试图让居民来做木工、焊工，后来考虑到安全问题，找了专业的人员来做，包括植物、油漆、涂鸦、木工、焊工。

这个项目的核心团队有5个是居民，另有社工2人及1名领导，此外都是专业工作室的人。5个居民主要工作有：挖掘社区能人、听取居民意见，召集居民参与活动，做好宣传、沟通协调工作（如果施工改造中有矛盾纠纷），这些居民大多是退休、有较多时间从事社区的事务的人群，也有六七十岁，以65岁左右为主。项目最少需要一年，纯粹为小花园进行生活建设，后续还有新的项目。后面也有跟踪和后期养护，而且要考察是否实用，是否满足百姓的需求，看百姓是否受益了。

居委会都针对每支分队的活动时间安排各个组织的活动时间。整治队是周三上午，自管小组周三下午，合唱是周二下午，块长会议是每月15号——如果碰到周末放到下个周一，舞蹈队天天跳。日防队的巡逻是每天都有，2人一班。助老队是一帮五，每周至少问一次，能够解决就解决，不能解决就让居委会协助。助老队没有经费和开支，都是由社区居委会在年初做出预算。各种节日都会有活动经费，这些资金都是居委会负责开支的，给老年人送礼物也都是居委会来开支。健康自管队经费是由团队成员一次性交纳（50元/人），形成一个基金，如果哪个人不舒服，可以拿这个钱探望，或者老年人身体不适，做点绿豆汤或买些西瓜。歌唱队经费是每人一次性交20元，如果资金用完了，成员们再捐。舞蹈队也是各个成员自己出资买舞蹈服装。

"帮帮团"准备成立益动力助老服务社（主体是"帮帮团"），正在申报民办非企业单位（组织），成立后再与现在开展的活动结合在一起，现在是纯义务，以后可以争取项目经费，可以给志愿者补贴。上半年四五月份开始申请，法人代表是社区书记。成立之后要在孵化中心先孵化，接受培训。居委会是居民自治的，现在鼓励居委会邀请社会组织参与居民自治。孵化中心属于民政口，也有指标任务要完成。"帮帮团"逐步从养老关注其他类型的公共事务。

　　红梅"帮帮团"在前进。

　　红梅的邻里守望传统从睦邻互助队走到今天的"帮帮团"，志愿者队伍不断扩大，服务内容更广、对象更多，为社区内的弱势群体提供帮扶帮困，对社区内突发矛盾提供预防和调处，在居民中倡导"邻里和睦、守望相助"的幸福理念。红梅的志愿者们发挥自己的特长，使社区居民成为社区自我管理的"受益者"，同时也是"参与者"，逐渐培养起"自我管理、自我服务、自我教育"的能力。"红梅帮帮团"为传统社区建设注入了新活力，他们通过自治增强了社区的凝聚力和向心力，促进了社区家庭和谐、邻里和睦建设的发展，翻开了社区自治的新篇章。

巧媳妇手工坊

——工业区凤池社区

一 凤池社区介绍

凤池社区在福海路，由嘉定工业区的三个典型的老式居民小区组成，包括南苑三村、五村和七村，小区居民总人数6800人。老年家庭、困难家庭、外来租户多，能力强、层次高的青壮年少，一直是困扰社区自治建设的难题。而且小区地理位置算是城乡接合部，大部分买房子的是世代居住在农村的农民，农民居住在一起就必然会衍生出复杂的邻里关系。这里并不是动迁，来这里买房的除了农民，由于工作学习等因素，很多也是工业区的工人。另外，社区内现在都是养老的小区，很多都是两夫妻，年轻人少。居民最早并不认识，也是陌生人，尽管有可能是从一个村子搬到这里。

社区里有10个群团组织，活动参与者有300多人次，其中人员有交叉。最大的夜防队有90个人，发展最受关注的是巧媳妇手工坊。手工坊每个月开展多次活动，经常要参加社区里、区里、市里的活动展示，阿姨经常要赶制展示的东西。手工坊在每年节庆期间做些东西给社区的独居孤寡老人等，每个月都会做生日蛋糕给社区志愿者，且每个月都有培训活动和公益活动。

各个组织每年年初向工业区社会组织服务中心申请项目资金。目前有彩虹志愿者联盟商会、巧媳妇手工坊 2 个项目，项目资金巧媳妇手工坊为 6000 元，商会也是 6000 元。

商会是破解治理难题的项目，因为商户油烟等问题扰民，之前提出整改要求，仍然很难监管，因为居委会没有职权管理他们，即使是有执法权的单位也没办法管理。社区最初联合 15 家较大和做得较好的商家，征求他们的意愿，将志愿者的补贴换成现金券，这也是迎合志愿者需求（超市、生鲜等），带动这些商家的消费，因此建立了良好关系。社区也为他们排摸隐患，为他们的员工办居住证。商铺都是要赚钱的，改造都是要花钱的。后来在居委会的沟通协调下成立商会，商会中有很多骨干、老板，通过这种方式将大家结合起来，每月有沙龙活动，有整治整改大家就会沟通。联盟商会会员都是商铺的经营者，包括 84 个商铺，没有居委会的人参与，属于自治的沙龙联盟，有时也会到居委会场地来举办推荐会。有的店家生意做得好，主动进入社区开展服务，类似于共建单位，实现互惠共赢。这类商铺商会经过筛选有 25 家，他们能跟大家及时沟通，愿意加入联盟与服务，愿意提供现金券的消费，门面大、知名度高。这项资金 6000 元的项目，是沙龙活动，资金用来补贴志愿者（要去检查问题、卫生、安全），但钱在居委会手里。

另一个重要的自治组织便是巧媳妇手工坊。

二 社区需求——建设互帮互助好社区

关系融洽、和睦友爱的邻居不仅能在生活上相互照应，而且会相互给予情感上的慰藉、思想上的启迪和安全上的保障。但是在当今生活中有很多人邻里关系僵化，以至于同住一方水土却无话可说，平时冷眼以对，漠然处之，这是很令人伤悲的。古人云"远亲不如近邻"，可如今由于现代生活方式和价值观念的改变，却是"各家只扫门前雪，不管邻家瓦上霜"。凤池社区已由过去的"熟人社会"变成"陌生人社会"。邻里之间互帮互助的社区功能大大削弱，居民间的信任感、安全感、归属感由于失去感情基础也变得非常淡薄。为了充分调动楼组居民力量参与公共管理和民生服务的积极性，满足社区居民多元化的服务需求，2012年嘉定工业区启动了"同心园"楼组自治服务块区，以陈凤娣为楼组长的南苑三村第三楼组自治服务块区正式建立，"巧媳妇手工"项目也应运而生，从此开创了楼组自治的新模式。

三 社区能人——陈凤娣

陈凤娣居住在南苑三村，爱人是上海大学教师，儿子儿媳也是白领，陈阿姨是南翔人，原来在上海服装一厂工作，服装厂倒闭后到羊毛衫厂工作，做了五年后来到嘉定，在上海大学嘉定校区的食堂工作，大概做了 15 年便退休，退休后担任小区业委会秘书的职位。陈凤娣在第三楼组自治服务块区是个出了名的"全能"阿姨，她不但会做衣服、做点心、懂织补，还会串珠等手工工艺。陈阿姨的织补手艺好是远近闻名的，附近的居民都来找她帮忙，她也从不计报酬，义务提供服务。为此，她还去羊毛衫市场购买了几十种颜色的羊绒，做成了一个"百宝袋"。时间一长，找她补衣服的人越来越多，名气也越来越响。在居委会的建议和支持下，第三楼组自治服务块区建立起了"巧手驿站"，"巧媳妇手工"楼组自治项目也运作起来。

因为有服装厂和羊毛衫厂的工作经历，所以陈阿姨的手非常巧。而且，从年轻时她家里人的衣服都是她做的。陈阿姨 2007 年开始在社区做志愿者，当时的称呼还不是"志愿者"，从世博会开始才开始叫"志愿者"，之前只是别一个红袖章。陈阿姨参与志愿者活动，最初的起因是南苑三村平改坡，有一个跟她比较熟悉的阿姨来叫她一起在南苑三村做社区巡逻，从此便"一发不可收拾"。后来，社区有个活动室，没人照看，社区书记就找到陈阿姨，希望找一个固定的人，每天定期来给活动室开门，时间是每周一到周五下午。因为这个工作，陈阿姨在活动室坐着的时候常常会织毛衣，居民看见了就会过来请教，由此认识了很多居民。

2009 年，业委会五年一届换届，小区里的阿姨们给刚上任的社区书记推荐了陈凤娣阿姨，担任业委会秘书。她性格好，大气，乐于助人，又不计较，所以在社区里有比较高的威信，她一直干到 2014 年换届。2012 年，巧媳妇手工坊成立。当时，陈阿姨既在业委会又在手工坊，因为业委会日常负责的事务较少，所以可以兼顾。她另一处的房子拆迁后居住环境比这边好一些，便搬过去了，每个月有活动才到凤池社区，她每个月来三五次，毕竟也在这里住了很多年。手工坊做的手工包括手套、拖鞋、包、毛衣、编织花等。现在，手工坊每月5号左右有钩针班，召集对编织有兴趣的居民一起来交流学习，社区对此的设想是先教会居民技能，之后再进一步考虑制作成品。

陈阿姨为人热心，做事干脆利落。作为居民组长，小区的防火防盗宣传离不开她，小区整洁有序离不开她，居民的许多突发意外，也总见到她的身影忙碌在现场。

2010年世博会期间，社区需要调动大批志愿者参与小区环境维护、路段执勤等，但是当时人力有限，陈阿姨看社区干部愁眉不展，主动与几位楼组长商量，共同发动居民做志愿者。在她的影响下，后来在南苑三村居然一下子招募到了十几位志愿者，顺利地完成了世博会执勤任务，真可谓一呼百应。

2012年由于小区汽车激增，小区出入口又比较狭窄，上下班高峰时，大家你争我抢，谁也不让谁，常造成南苑三村交通拥堵不堪，居民们怨声不断，多次上演吵架报警，物业公司想管理，可又都不敢管。此刻陈凤娣站了出来，在上下班高峰时间段，她穿着志愿者马夹往大门口一站，当起了临时交警，她一面挡住进入小区的车辆，一面让驶离小区的车辆快速通行，这样一来很快小区门口恢复了井然有序。她年纪一大把还汗流浃背地扯着嗓子喊。以前死活不肯相让的居民，看到这番场景，也觉得不好意思了，大家都慢慢遵守起了规则。

后来，小区出入口在门卫的维护下，很少发生拥堵现象，其中陈阿姨决定性的作用毋庸置疑。

邻里之间有时候"不是亲人，胜似亲人"。多年前，家住业委会对面楼道的陆阿姨，老伴很早过世，她养育了一儿一女，一个在日本，一个在新加坡，80多岁高龄的老太太独自生活在上海。陆老太年轻时是个锡剧演员，现在虽然不出去表演了，但只要一有空就爱去居委活动室的戏曲沙龙里唱上两嗓子，一来二去，就和爱唱戏的陈阿姨熟悉了起来。陈阿姨了解了她的家庭情况后，主动向居委会提出做她的互助对象，照顾她的日常生活。那时候，陆老太的女儿刚嫁到日本，她不习惯孤独的生活，一度非常抑郁，生了一场重病。陈阿姨便隔三差五来到她的身边，开导她，陪伴她，为她买来新鲜的蔬菜，为她包上馄饨、饺子。渐渐地陆老太对生活重新燃起了希望，逢人便说："这辈子能认识凤娣，真是三生有幸！"每年的春节，家家都欢欢喜喜地过年，热热闹闹的一家人围坐桌边。陆老太这个年纪正是儿孙绕膝、安享晚年的时候，可是现如今老人一到过年，总是以泪洗面，于是一进腊月，陈阿姨就包好饺子、元宵等送到老人家里；把猪肉切成一块一块的用袋子装好，把鱼类收拾干净并切好装到袋子里，方便老人过节时食用。中秋节的时候陈阿姨就把儿子媳妇孝敬她的月饼送到老人身边。可是，在陈阿姨的善举背后，有些别有用心的居民传说陈阿姨是看上了陆老太的钱，因为陆老太经常穿金戴银，一看就是贵妇人。陈阿姨听到这些传闻后，一笑了之，但是陆老太却因为传闻也怀疑起了陈阿姨的动机，开始疏远起陈阿姨来。陈阿姨的爱人也听到这些风言风语，叮嘱陈阿姨不要和陆老太走得太近，省得别人觉得他们别有用心。陈阿姨则说："清者自清，我做事一向问心无愧。"

四 巧媳妇团队构建过程——社区服务暖人心

阿姨们是如何动员起来的呢？

巧媳妇烘焙坊于 2016 年成立。凤池社区有给党员和志愿者送生日蛋糕的传统，之前都是在福海路的某一家蛋糕店买蛋糕，可是，很多人都觉得那里的蛋糕太甜了，而且认为不一定安全卫生。社工偶然知道了这件事情以后，就和陈青青阿姨提起，没想到陈阿姨主动说："那让我来试试吧！"陈青青阿姨本来就对制作西点感兴趣，"她家里做蛋糕的工具比我们社区还多！"陈青青阿姨召集了六七位同样对烘焙感兴趣的社区阿姨，成立了巧媳妇烘焙坊。

在陈阿姨的带动下，越来越多的楼组退休居民加入"巧手驿站"，现在已经发展成为一支有着 25 名成员的专业手工团队，为楼组自治服务块区的居民提供了专业贴心的服务。

原先，烘焙坊每个月做一次蛋糕，当时是出于对原材料的考虑，因为每次买来的原材料量都比较大。但是最近改成了一个星期做一次，这是因为一个月一次隔得太远了，有些人还没意识到自己月底生日，结果蛋糕送过来了，等到生日那几天，这种感觉早就过去了，所以他们努力克服了原材料的困难，就变成一个礼拜做一次。

"巧媳妇手工"的阿姨们每月定期为楼组自治服务块区的独居孤

寡老人以及生活困难的弱势人群提供服务，根据不同的季节送上时令的衣服，春夏做睡衣和衬衫，秋冬就织毛衣、围巾和制作棉鞋等手工艺品，平时也经常为居民免费织补衣物，提供家庭手工活的技术指导等。

随着"巧媳妇手工"队伍的不断扩充，忙碌的织补工作渐渐轻松了下来，但陈凤娣阿姨她们却闲不下来。细心的陈阿姨发现，艺术沙龙演员们为借不到合适戏服而发愁。于是"巧手驿站"毅然揽下了社区戏曲沙龙的服装修改和制作业务，帮他们解了燃眉之急。这群阿姨不断摸索、学习，凭着一双双巧手，制作了许多新颖别致的戏服。看着阿姨们的杰作，演员们赞不绝口，真是既实惠又美观。

"巧手驿站"阿姨们还时常积极地为楼组自治服务块区的建设出谋划策、宣传发动，丰富和充实楼组的活动内容，开展了一个个让居民拍手称赞的好活动。如为楼组高龄老人制作蛋糕庆祝生日，带给老人们精神的慰藉；端午节组织楼组居民为消防官兵包粽子、送香包等，这些活动不断深化了"巧媳妇手工"项目的内涵。

2016年2月19日，凤池社区同心园第十楼组的居民和巧媳妇手工以及城南消防中队的官兵代表以"浓浓元宵情，居民一家亲"为主题，举办了热热闹闹的元宵节活动。活动现场，50条谜语分别被挂在红灯笼上，会场被布置得格外喜庆。灯谜内容涵盖了科普知识、文学典故、成语等。同时还有包汤圆比赛、武警战士搏击操表演、学说上海话等游戏，整场活动既具趣味性，又具知识性，台下观众笑声连连、掌声不断，军民欢聚一堂，其乐融融共度佳节。最后将巧媳妇手工制作的 200 份汤圆送到了同心园第十楼组的每家每户，社工们也将几十份暖心汤圆送到辖区独居老人和困难党员的家中，给老人们送上诚挚的祝福，也送去了社区大家庭的关爱和温暖，同时，还详细了解了老人们近来的生活和身体状况。老人们非常开心，连声感谢党和政府对他们的关心。

2016 年 3 月 2 日，凤池社区开展了"志愿凤池，与爱同行"学雷锋活动。服务内容包括：推拿、磨剪刀、毛衣织补、修雨伞、理发、医疗咨询、法律咨询等。在微风下陈阿姨额头冒汗，活脱脱一个"活雷锋"！通过此次活动，推动形成"我为人人、人人为我"的良好社会风尚，志愿者用自己的行动证明：学雷锋不是一句口号，"雷锋"每时每刻都在我们身边！

2016 年开始，凤池社区开始启动每月一次的零基础钩线编织班课程，这也是"巧媳妇手工坊"系列活动之一。课堂上，在钩花专业老师王琴芳耐心细致的讲解下，大家从基础针法开始，学习各种编织技巧，一钩一线，学得非常认真投入。很快他们手中的毛线变成一朵朵栩栩如生的花，现场气氛也非常温馨融洽。此次活动，不仅让老人们利用闲暇时刻学习到各种手工艺编织技巧，还能让他们老年生活过得更有意义，增添乐趣。

2016 年 7 月 4 日下午，凤池社区巧媳妇手工坊的成员一起走访慰问失聪孩子秦吴清家里，送上礼物与祝福。阿姨们与学生和家长亲切交谈，在得知孩子最近的康复手术非常成功，目前正在康复训练中后，感到十分欣喜，鼓励她要充满信心，争取早日康复。一句句嘱托，一声声祝福，让这个孩子露出了灿烂无比的笑容。关爱"阳光宝宝"的成长，与他们的家庭共渡难关，是巧媳妇手工坊志愿者所关注的事。通过此次活动，不仅拉近居民间的距离，让孩子感受到来自社区大家庭的关心和温暖。

2016年7月7日上午，凤池社区暑期实践活动"I Can"巧手制作班正式开班，吸引了众多学生前来参加。课堂上，首先由"巧媳妇手工坊"志愿者阿姨兼社区关工老同志陈青青和吴宗琼为学生讲授了木糠杯的制作过程。随后，学生们饶有兴趣地开始动手制作，年龄大的学生很快独立完成，年龄较小的学生在老师的指导下也逐步做成型。最后，大家看到自己的劳动成果都露出了喜悦笑容，这次课程也在学生们的欢乐氛围中画上了圆满句号。这次动手实践活动借助社区"巧媳妇手工坊"的品牌优势，让更多社区群体受益。它不仅锻炼了学生的动手操作能力，培养他们更多兴趣爱好，更让学生们体会到劳动成果的来之不易，珍惜今天的幸福美好生活。

2016年7月7日下午，凤池社区"巧手驿站"的阿姨们开展了香包制作活动。活动室里，桌子上摆满了五颜六色的彩绳、丝线、挂饰配件、香料等，社区的"巧手"们娴熟地动手制作起来，小心地将樟脑丸、薄荷、丁香、棉花等材料塞进小香包，用针缝起来，然后再进行包装，不一会儿工夫，一个个由红、黄、蓝、紫、绿等五色线编织而成的"香包"跃然而生，十分美丽。将香包佩戴在身上，或是挂在门前窗后，将有驱虫的功效。此次活动既丰富了社区居民的文化生活，又传承了传统文化。

凤池社区的巧媳妇手工坊已经连续三年为社区的志愿者举办集体生日宴会了。社区为老人们送上了一个 24 寸大蛋糕，老人们站在一起，共同庆祝生日。南苑三村"巧媳妇手工"的阿姨们亲手为每一位老人手工编织了一件件贴心的毛衣；社区居委会为老人们准备了长寿面和重阳糕。

2017 年 3 月 2 日下午，凤池社区活动室里，巧媳妇手工坊的阿姨们和南苑三村的楼组长们聚在一起，和米粉，包汤圆，聊家常。平日里熟悉的邻里一下子成了手艺高超的民间包汤圆高手，只见他们揉面、搓圆、包馅，大家有说有笑、配合默契。在大家的共同努力下，汤圆逐渐成形，共计一千多个汤圆。住在三村 41 号的张阿姨说："一千多个汤圆装载着我们楼组邻里之间真挚的友谊，我们要把这些汤圆送到每家每户，让大家一起品尝，共享元宵佳节的美好。"

下午 3 点，居民们一起欢聚在三村 46 号唐阿姨家里，"汤圆出锅喽，大家都来尝尝。"一声吆喝传来，居民们喜笑颜开，纷纷来品尝大家一起包的劳动成果。"阿姨们包的汤圆果然是一流的！"说话间，周大爷为大家比了个赞。

陈凤娣阿姨是个有心人，小区有个独居老人徐阿姨，老人每天都穿着一件十年前的大棉袄，有一次陈阿姨问她："徐阿姨，你平时用钱挺大方，儿女对你那么孝顺，怎么衣服老是穿这一件？"徐老太说："凤娣，你们年轻人身材好，买什么衣服都方便，我的身材是个正方形，横宽竖大（嘉定话），肩膀正好的衣服吧，下摆就特别长，要小一点的吧，就穿不下，我也是很苦恼呢，这件棉袄如果坏掉了，我连能穿的衣服都没有了！"陈阿姨听在耳里，却记在心里，第二天立即去毛线店买了绒线，一个月日夜赶工，给徐老太织了一件毛衣外套！当陈阿姨把毛衣送到徐老太手里时，徐老太激动得都说不出话来了，她说："只有我妈妈才会给我织毛衣，儿女们只会给我钱，凤娣你怎么那么贴心！"后来陈阿姨给徐老太织毛衣的事情，在小区里传开了，许多独居老人有空就会拉着陈阿姨"聊天"，但内容基本都是自己身材不好，买不到衣服……这也让陈阿姨十分着急，因为自己毕竟精力有限，如此多的老人都盼着能穿上新衣服，怎么办呢？连续几天陈阿姨都没有睡好觉，正在头疼的时候，陈阿姨突然间有个想法，是否可以成立一个志愿者服务队呢？三村有许多会织毛衣的能手，可以召集一些志愿者来一起织毛衣，甚至可以范围更广地多帮助一些老人。

正巧，2012年嘉定工业区启动了"同心园"楼组自治服务块区，以陈凤娣为楼组长的南苑三村第三楼组自治服务块区正式建立，"巧媳妇手工坊"项目也应运而生。前期参加的人都是些平时就爱打毛衣、织衣服的，陈阿姨带领着成员们，帮扶辖区内孤寡、低困老人8名，一有空闲就主动上门为老人收拾屋子，陪老人聊聊天，做一些力所能及的家务，让老人感到温暖。在陈阿姨的带动下，越来越多的有着编织技能的居民加入"巧媳妇手工坊"，现已经发展成为一支有着25名成员的专业手工团队，成员们每月定期为楼组自治服务块区的独居孤寡老人以及生活困难的弱势人群提供服务，根据不同的季节送上时令的衣服，春夏做睡衣和衬衫，秋冬就织毛衣、围巾和制作棉鞋等手工艺品，平时陈阿姨每月一次到海裕广场的"学雷锋志愿服务站"

为居民免费织补衣物，提供家庭手工活的技术指导等。

五　认同——我们都是巧媳妇

"巧媳妇手工"的队伍从最初陈凤娣和几个志趣相投的阿姨到现在不断发展壮大，通过居民自我吸纳、自我管理和自我服务，逐步形成了项目化、专业化的运行模式。人群从最初的楼组自治服务块区的老年人群扩展到了中年和青年的多个年龄段，活动的参与内容也由原先的"做手工聊家常"扩展为"参与楼组自治建设"。核心成员目前有 5 名，联系紧密，她们都是相识十几年的邻居好姐妹。目前团体内分为烘焙和编织两个小圈子。烘焙源于凤池社区 2014 年开始为志愿者和党员送生日蛋糕，希望借助特殊的节日去感谢他们对社区工作的支持和帮助，一开始，都是从福海路的一家面包房购买生日蛋糕的，但是后来很多居民和党总支提出，外面买的东西不太适合老年人食用，糖分太多，卫生状况也得不到保障。后来居委会在与志愿者骨干开会时提出了想要找又便宜又好的面包房，但是巧媳妇手工的骨干陈青青阿姨提出，这里几个阿姨自己平时就爱在家做烘焙，蛋糕其实很好做，为什么不能自己做呢？就这样，一份纯天然无污染的蛋糕出炉了，党员和志愿者拿到巧媳妇手工亲手出品的点心，都赞不绝口。而且为了打造品牌效应，居委会社工为陈阿姨设计了巧媳妇手工专属 LOGO、专属外包装，每个小蛋糕上贴上陈阿姨的笑脸，让巧媳妇手工的美好形象在居民们中广为知晓。每年的学雷锋日和母亲节，社区都会到小区里以成本价出售点心，几乎都是一抢而空。有一次去另外一个社区参加他们的跳蚤市场，仅仅半小时 50 杯木糠杯就被一抢而空。因为陈凤娣和陈青青两位骨干成员对于食品的原材料要求特别严格，原材料大都是从大型超市购买的优质黄油和动物蛋奶油，所以口味也比外面的一般甜品要更好一些。目前大家固定每月一次参加彩虹志愿者联盟商会的公益集市活动，将出售的资金用来资助一名家庭生活困难的残疾人。活动开展的过程中，类似扶贫帮困的公益活动其实不少，巧媳妇手工为社区中一部分相对弱势的群体提供了帮助，互帮互助的邻里关系增强了社区居民的社区归属感、认同感。

每年元宵要请所有的阿姨共同参与活动，需要包 1000 个元宵，送给同心园楼组（45 个楼道，12 家人，每家一盒）。2017 年用了 20 包糯米粉。用的所有东西都是居委会买的，比如要去消防队活动，需要买蛋糕、粽子等物资，居委会来问陈青青阿姨，要多少米、肉、粽叶，由她确定物资的多少，居委会请一位社区工作者用公务卡来购买，一般都由陈阿姨亲自挑选。巧媳妇手工坊的资金都由居委会负责，买了东西也拿回发票到社区居委会报销。团队没有自己的经费，陈阿姨曾经想通过义卖（做过一次木糠杯，15 元一个），来筹集团队经费，后来居委会认为这样容易出问题，也没有向成员收取会费。

烘焙坊的团队，大部分遇到问题都是由居委会帮她们解决。现在团队的开支都是社区居委会负责，年初会由社区来做相关的方案和预算，对当年的活动做规划，而这些阿姨只是负责执行活动。对于自组织的发展而言，自组织内的能人并没有起到很好的领导作用，对自组织的发展也没有很好地规划，而更多被社区包揽了其发展过程，自然也注入了很多社区居委会自身的需求。编织坊的陈凤娣阿姨在搬到南翔后，虽然经常过来，但仍然难以面面俱到照顾周全，其余更多的事还是由居委会来支持。由于找不到合适的领头人，陈青青也可能因此要搬家而离开，所以现在正在社区培养更多的人学习烘焙的手艺，希望后面能有人将烘焙坊继续做下去，而不是在有人离开后便发生团队后继无人的情况，但她教的也只是烘焙，并不是如何带队，即找的是做烘焙的人，而不是负责人。

烘焙坊和编织坊都没有自己的活动经费，而是通过居委会获取经费，从手工坊的阿姨们中征求意见，但项目书和报销都由社区居委会负责。现在每年都会从工业区和区里申请项目，也逐渐能得到诸多经费支持，这些项目审批下来之后形成类似于项目团队的架构，一个项目有三个人负责：项目主管（条线干部）、副主管（志愿者）、财务（社区的财务，要负责本社区所有的项目）。现在可以让陈阿姨自己来做一个项目，不用辅导她们，她们自己到一定时间便会去制作蛋糕，其实从陈阿姨的角度来讲，这个意义上的做项目和原来的"做蛋糕"并没有太大的不同。

2017年，巧媳妇手工坊申请3万元资金用来申请注册民非（民办非企业组织，简称"民非"）。目前时机发展还不成熟，如果未来有30~40岁的年轻人加入，将为组织注入新活力。组织团队阿姨们普遍学历较低，对于写计划书感到比较吃力，做项目方面感到困难，所以需要找社工协助他们。

四年来，巧媳妇手工从最初志趣相投的几个阿姨发展至今，在工业区社会服务中心的扶持下，形成了专业化、项目化的管理模式。参与人群从最初的老年人群扩展到了青年和中年多个年龄段人群，活动的内容也由原先的"做手工聊家常"扩展为"参与社区建设与管理"。同心园楼组自治项目在社区中的影响力越来越大、覆盖面越来越广，已成为社区建设与管理中一支不可或缺的重要力量。它激发了群众主动参与社区活动的热情，"基层社区一头热、居民百姓冷眼看"的不平衡结构明显改观，为破解社区自治建设困境开拓了新的思路。巧媳妇手工同心园楼组自治项目的建设使党组织找到了切实融入群众日常生活的有效载体，党通过服务社会来领导社会的能力显著增强。同时也有利于推动基层政府职能转变，进一步促进服务型政府建设。

"绿色基金"
——江桥镇江安社区

一 江安社区介绍

江安社区坐落于上海市嘉定区江桥镇东南部，东临曲江路，西至虞姬墩路，南靠沪宁高速公路，北傍虹江河，总面积 19.07 万平方米，现有楼组 136 个，居民 2222 户，常住人口 5300 余人，是一个始建于20 世纪 90 年代初的老旧动迁小区。原来属于江桥二村居委会，后来该居委会一分为二，一三五街坊成立江宁社区居委会，二四六街坊成立江安社区居委会，取"安宁"之意。

大多数的居民都是从市区动迁到此，也有一部分本地动迁居民。江安社区是江桥镇的一个老小区，这里本是农地，第一批搬至此地的原普陀区居民是 1994 年过来的。这里的居民也基本是动迁过来的，主要是从普陀区"三湾一弄"（棚户区）动迁过来，他们大多是上海各个纺织厂的工人，总的来说他们生活条件一般，文化水平也不高，而且现在社区有很多退休的老人。这里的居民多由市区动迁导入，原来不是嘉定人，本地人只有几百户，80%的居民都来自离这里不远的普陀区。

二 社区需求——环保绿化

市区动迁的房子居住面积一般较小，底楼的居民多数或将天井封顶改造成房间，或破墙开门破坏绿化带；本地动迁的一些居民也遵循在村庄中居住时的习惯，将绿化带开垦为自家菜园；原本老小区规划停车位数量就较少，越来越多的机动车无处停放，有些车主将车子停在绿化地里，破坏了绿化；还有一些居民在绿化带遛狗，随意踩踏绿化；有居民养鸡等家禽，导致社区绿化再次被破坏。

再加上20年的"老小区"经过了平改坡、积水点改造和二次供水改造等一系列工程，每次工程结束后，绿化带和道路都会遭到一定程度的破坏。社区居委会比较担忧社区绿化，为了应急，他们常使用办公经费购买小型绿植或草籽在社区中种植、播撒，但总难以真正解决问题。但是，大多数的居民对居住环境是有要求的，对美好家园是有向往的，一些对种植略懂或有兴趣的居民开始在自家门前或者公共空地上种花种草，虽属"小打小闹"，但颇有兴致，也能起到一点效果。因此小区绿化问题处于一种迫切需要解决的状态。

小区的物业公司是社区环境的第一责任人，但由于物业费低廉（目前0.45元/平方米）以及收缴率较低等问题，加之公司运营成本逐年上升，物业公司只能维持最基本的保洁、保安等，对社区环保绿化工作只能做到一年修剪两到三次，其他则是心有余而力不足。物业服务差和物业费欠缴一直是社区的老大难问题，过去物业费能收六成，现在情况稍微改善，能收七八成，但仍然入不敷出，甚至物业公司的经理都由于收入过低最后辞职离开。社区向物业提意见，但是他们也无力管理，这个公司在江桥镇负责好多个社区，在经费不足、人员不足的情况下，推进社区工作一定是心有余力不足。

就一个小区的整体美观而言，绿化是社区环境的"硬指标"。绿化面积是否足够大，布局是否合理，管理是否到位等，这些都是小区居民关心的重点。然而，当前的老旧小区都存在一个通病，即绿化缺失问题。

环保护绿队和绿色基金成立之前，一些退休居民买了一些较耐存活的月季、茶花等种植在自家的门前，美化自己的家园。一些卫生志愿者也会对绿地的杂草、石块进行清理。这些居民自发的绿化行为居委会看在眼里，并认为居民的个体行动对小区整体环境的改善而言力量较小，但是如果能把社区居民共同集聚起来，拧成一股绳，那么发挥的作用将会更大。社区党支部书记逐户走访这些居民，了解他们的想法，听取他们的心声，交换各自的看法，鼓励他们融入社区活动。社区党支部书记动员这些居民走出家门，成立了"环保护绿队"。这支队伍不仅让这部分居民展示了自己的才能，也让他们为小区的绿化、美化尽一份力。

三　社区能人——季莎莎

武泽民和季莎莎对"绿色基金"的筹集和运作起着重要的作用。

季莎莎已有 70 多岁，退休前在上海米面粉厂工作，原来是在黄浦区，后来被单位分配到普陀区，才来江桥镇居住。1999 年开始做无薪的社区兼职委员。

武泽民是"环保护绿队"成员之一，原来业主委员会的主任，后来由于个人原因退居二线，担任业主委员会副主任，现在是"绿色基金"管理小组的组长。作为业主委员会副主任和一名党员，他当仁不让地对"绿色基金"的管理担负起责任。刚开始，武泽民并不是一个对花草很感兴趣的人，但是身为业主委员会的成员，对小区事务的责任感让他感到自己必须站出来，不管是对物业还是居民自治，他都必须尽力尽责。在"环保护绿队"成立初期，他就担任队长，带领着手下的志愿者们栽花种树，在"绿色基金"成立以后，他不仅是护绿队的中坚力量，而且在管理基金方面不遗余力、兢兢业业。买的每一株花草、每一件工具，都要经由他的团队审核，对每一个地块的绿化布置都有他的想法和心血。但是，在"绿色基金"成立初期，武泽民与队员们之间出现一段小插曲。对于一棵树怎么种，种在什么地方，每个人心中都有自己的想法，都认为自己的想法是最正确的，而且由于自身健康和家庭原因，武泽民参加团队活动的次数有所减少，加上一些好事居民的介入，队员们有了一些嫌隙，相互之间有了猜忌，团队活动时找理由不参加或者活动过程中互相指责。有的队员感到泄气，开始交流减少、活动懈怠。这个时候，季莎莎挺身而出，调解队员之间的矛盾。季莎莎是"绿色基金"监督组的成员之一，也是文体团队的积极分子，她人缘好，组织协调能力强，在小区有一定的号召力。

她与社区党支部书记在双方之间做"说客"，调停矛盾，让大家都明白，每个人都没有错，大家都是为了改善小区的环境，可能沟通存在问题，也可能做了一些事而自信过度等。总而言之，队员之间并没有矛盾，只是缺乏有效沟通，既然大家都是为了建设自己美好的家园，那就应该看到对方的优点，充分激发大家的最大力量为"绿色基金"服务。在季莎莎和社区党支部书记的有效沟通下，队员之间矛盾减少，言归于好，畅通了沟通渠道。另外，季莎莎利用她的好人缘，在居民区和社区团队中广泛宣传"绿色基金"和绿色家园的建设。她自己带头捐钱，并号召大家"有钱出钱，有力出力"，还借着她镇级文体积极分子的身份，帮着拉赞助，发挥了非常大的作用，"绿色基金"筹集的捐款也累积的越来越多，"绿色基金"在社区的名声越来越响。

四 团队成员组织过程——护绿自治聚人气

2014年10月，江安社区在居民区发布了爱绿护绿招募信息，号召动员社区居民以"美丽江安，绿色生活"为使命，致力于"绿色社区"的共建共享。此次招募活动共招募志愿者6名，包括武泽民、蒋和声、陶永安、陈国民、丁金声，半年后陆张荣加入。"环保护绿队"的成立为改善社区绿色环境提供了一道重要的基础保障。三年多来，"环保护绿队"不遗余力地维护小区内的花草树木，共补种、移栽绿化植物千余株，他们虽言语不多，但用实际行动在社区中营造了爱绿护绿的良好氛围。后来又不断有新的成员加入，队伍也在不断壮大中。

"环保护绿队"正式成立之后，他们每周两次活动，培育花苗、修剪树枝、清理草地，还有人自掏腰包购买劳动工具、购买小树苗和花种。他们不但付出精力、汗水，还付出了金钱，这样默默无闻地付出了将近一年，小区的环境稍有改善。此时的"环保护绿队"还是无名英雄，他们的义举也只有少数人知晓。在2015年底的社区团队年终总结会上，社区党支部书记在听取了各团队负责人的汇报以后，将"环保护绿队"这一年的活动情况与大家分享，与会的人员纷纷被打动，纷纷表示社区的环境人人有责，大家应该有钱出钱、有力出力，会在自己团队的队员中宣传，在居民中宣传，这些绿色使者的利他行为，应该让更多的组织成员了解，并倡议大家支持这个团队，为他们捐钱购买花苗。

站在居委会的工作立场，居委会不能进行募捐活动，如果居民捐钱到居委会，那么又由谁管理财务呢？在咨询了镇级、区级有关部门之后，嘉定区社会建设办公室推进居民社区自治，居民的事须要居民自己管理，譬如请居民中的"能人"负责管理募集来的资金，这是一个良好的自我管理的项目。2016年1月19日，江安社区"绿色基金"正式成立，并立即着手制定了《绿色基金管理章程》，开始在社区中凝聚更多力量参与到绿化事业中来。由社区带头进行募捐后，社区12个志愿者团队的代表，也纷纷代表自己团队的成员向基金会捐款，当天"绿色基金"共收到募捐款6005元。在2月19日举行的元宵活动中，再次收到2270元的捐款，这样总计收到捐款8275元。收到捐款后，"绿色基金"随即存入银行，有详细的实名（签名）登记、捐助成员名单，还将明细的台账登记，将存入银行的凭据、凭证等建档归案，严格执行"绿色基金管理章程"的规定。该基金由社区居民自治管理，用于开展多种形式的生态公益宣传、爱绿护绿行动，同时购买苗种、劳动工具，进行绿化种植养护，以解决小区长久以来绿化缺失的问题。小组经过讨论拟增添一辆电动三轮车和种植工具，此事也专门和监督小组进行了沟通，监督小组也同意购买。2月25日经会议表决同意购置，所以2月27日使用2500元购买一辆电动三轮车，使用200元购买了种植工具（三人前往购买），且发票齐全，这样总计收到的捐款8275元，目前使用了2700元，剩余5575元。基金的使用情况也会每季度在居务公开栏上进行公示。基金的架构中不但有了负责种植的志愿者队伍，还有管理基金的工作人员和监督基金使用的监督人员，还有一系列的使用制度和工作台账，居民自我管理的平台初步形成。

"绿色基金"开始运作后，计划先设定一个样板，在居委会所在的丰江路18弄率先开展绿化行动，进而要扩大基金会的影响。社区若有哪一户居民对该行动有抵触心理，不强求，自愿出钱，即使不认领、不捐钱，也要爱护绿化。"环保护绿队"的队员们不仅积极参与志愿活动，还时常自掏腰包购买劳动工具支持环保、美化社区。在他们的感召下，社区各志愿者团队的负责人积极行动起来，动员团队成员集体募捐支持社区绿化建设。

征地动迁的原住民居住在这里的有300户，他们捐款的积极性较低，因为动迁时在资金上没有得到足够的补偿而感到吃亏。有一个住户捐款 15 元给季莎莎，其他人相互通气，孤立这位捐款居民。但实际上，"绿色基金"运作起来之后，让大家投身社区的公共事务中，更能找到社区中大多数居民的利益契合点，这也是化解矛盾的重要渠道。

如今的丰江路 128 弄是江安社区的一个大花园，那里花木郁郁葱葱，如同一道"绿色风景线"。三月春雨蒙蒙，土地泥泞，是种植的最佳时段。为进一步美化社区生活环境，社区党支部牵头购买了百余株月季花、山茶花，由"环保护绿队"负责花苗的种植。每天，队员们早早就来到了社区居委会待命，大家合理分工，搬花的搬花、挖坑的挖坑、培土的培土、浇水的浇水，忙得不亦乐乎，一副热火朝天的景象。种植活动结束后，"环保护绿队"还向居民发出了护绿倡议，倡导居民养成爱绿护绿的习惯，爱护一草一花一木一果，从自身做起，从脚下做起，时刻善待绿色生命。如今，那一片片绿油油的花苗已开出了鲜艳的花朵，蝴蝶在花丛中飞舞，为小区增添了不少生机和活力。

从"环保护绿队"发展到"绿色基金"，是由于志愿者的行为感动了社区各志愿者团队的队员们，队员们自发捐钱、发动居民捐钱，为营造绿色家园提供了资金保障。这 20 人的团队精心营造绿色家园建设近两年，居民们也看到了他们的成果。他们吸引更多居民加入，并引起了社会的关注。

"绿色基金"起初重点打造的是居委会所在的丰江路 128 弄。在

128弄主干道的两侧种上了红叶石楠，绿地里则种了上百株月季。有居民看到后，就偷偷移种到自家的门前和楼道口。志愿者们像爱护自己的孩子一样呵护着绿化，发现一下子少了五六株月季，他们马上去了解情况，在100弄的某楼道口发现了移种的植物，又经过楼道走访，得知是某位居民所为。然后，他们有的放矢的上门探听虚实。然而居民是这么说的："都是大家捐的钱，为什么只美化了128弄，轮不到100弄？虽然我没有捐过钱，但是我也喜欢花，我也要美化我的门前，你们没有告知我捐钱呀，我也可以捐啊。而且我保证今后会好好照看好这几株月季的。"听了这位居民的一席话，基金管理者们恍然大悟，得出了一个结论，其实社区的大多数居民都非常喜欢绿化、爱护绿化，可能对"绿色基金"的宣传力度还不够，在居民中的知名度才不高。

在基金成立后不久，便开始着手建立相关机制，形成每周一的例会制度，在会上互通信息，交流工作，哪怕在冬季绿化停滞期，每周的例会也不落下。"绿色基金"每次开会的时候，都会邀请社区党支部书记列席，并听取她的意见。"绿色基金"有三个工作队伍：基金管理组三人是武泽民、陆张荣和蒋和生，基金监督组三人是陆城圹、季莎莎和蒋玲娣，以及陆张荣、杨楚成领衔的环保护绿队12人。管理组和监督组一起筹措资金，具体工作由管理组主导实施，监督组负责监督其工作。"环保护绿队"是"绿色基金"之下的组织。季莎莎负责监督组，武泽民负责管理组，环保护绿队是陆张荣。最早武泽民来做事，后来因家人身体不好而退出，他还是业主委员会的副主任。

管理组决定开展一些活动，由"环保护绿队"负责具体实施，提出所需的物资和款项，报至管理组审批，然后下发款项。监督组对每次经费支出进行审计，每季度在基金专栏向居民公布基金的使用情况。

在 2016 年 11 月的基金工作例会上，大家又讨论了扩大基金在居民区内知名度的问题，建议在每个楼组进行宣传。于是在 12 月初的楼组长总结会上，居委会及基金工作组成员再次倡议"绿色家园"建设，进行月季花的认购认养宣传，让楼组长回到楼组进行宣传，让各楼组的居民了解绿色家园建设。楼组长都成了"绿色基金"的宣传员，挨家挨户地向居民介绍"绿色基金"和"认购认养"活动，使居民通过涂鸦墙、宣传专栏和楼组长的解说，了解到基金和社区的工作情况。于是又有一批批捐款，汇聚到"绿色基金"。截至 2016 年底，募款达到 24623 元。

如何开展有效的宣传？沁园书画社接过了宣传的接力棒。江桥二村 3 号门的丰江路是一条主干道，其中有一堵十分破旧的围墙。如果把这堵墙打造成宣传"绿色基金"的文化阵地，那就更是锦上添花了。书画社的老师利用暑期的青少年活动，指导同学们发挥想象，描绘心中的绿色家园，然后将同学们的作品搬到了修葺一新的围墙上。由沁园书画社打造的宣传"绿色家园"的文化涂鸦墙，将原来一堵破旧的围墙改造成使人驻足的美丽风景。居民在路过涂鸦墙时，眼前有了一幅幅美丽的画面，小朋友喜欢，年轻人驻足，老人家流连忘返，大家有了家的归属感。江安社区"绿色基金"宣传专栏也设立在丰江路上，每季度更新宣传重点并公布基金的募集和使用情况，让居民对基金的使用情况一目了然。

小区里有一些地方，地表下多是碎石子，上面铺了泥土再搞绿化，所以植物的根系扎不深。现在动员大家从汽车修理店来收购一些轮胎，修理店通常收费5块或8块，只是象征性收取点费用，有的地方甚至不要钱，然后大家用切割机将轮胎切开，切割机是从居民家中借来，"绿色基金"的成员自己买烟给居民，算是一点心意。然后将一些废旧轮胎垒在一起，在外面涂上颜色，里面填上土壤，种上植物，这样可以减少开支，废物再利用。而土壤是大家用团队中的电动车从一所正在修建的教堂的工地上运来。摄影组的人将这些活动拍下来传到网上，为团队做宣传。

在社区中进行公共事务的治理过程中，一般都会面对一些只想收获不想付出的"搭便车者"，如何应对这些人，也考验组织者在社区营造过程中的能力和经验，而"绿色基金"面对的问题便是有些未参与活动的人将大家辛苦种植的花从小区的绿地上拿回自己家里。针对这种情况，不劝阻、不罚款，让他拿走，但也会去打听一下，还有摄像头，居民一般都会看得到的，最后还是会查到是谁拿去的。知道这件事情后，季莎莎会到那个人楼下说一下"花被哪家拿走，拿出来大家欣赏，不要一个人欣赏"，经过这样一轮不指名"批评"，一般都会在晚上偷偷会送回来，至今只发生过几次这种现象。还有一个居民从事花卉生意，但是与他沟通协商时居委会一般不会出现，彼此沟通协调就好。

团队里曾有人看到一个80多岁的老人家偷花，被跟他住一栋业主委员会主任看到了。他出门遛弯时，看到小区花长得漂亮便摘下，别人看到便告诉季莎莎，季莎莎找他时，他说"当时是一时懵了"，季莎莎则教育他："这个不能懵，别人门开着，你能进去随便拿东西吗？"另一位居民也在旁边补充说："你喜欢花，跟我们说，我们来种。"对于这些情况不能直接批评，否则会闹出很大的矛盾，简单地说几句，一般当事人也接受了。这些几乎走不动的居民都来偷花，说明"绿色基金"的工作效果很好。在与这些居民沟通的过程中，跟他们讲一讲种植花草的艰辛，提升大家的生活品质，也让这些居民能切身体验到种植花草的好处与不易。

五　绿化认同——"绿色基金"维护家园

由于小区原先绿化条件较差，也是基于此形成居民对小区的绿化的认同，发起"绿色基金"也是在此基础上。"绿色基金"（爱绿护绿）这件事能够引起更多人的共鸣，如果要搞社区自治，居民的认同也可在此基础上展开。

为了培养居民对于绿色基金所倡导的事业的认同，"绿色基金"借助各方的力量开展各种活动。正是由于开展了涂鸦墙、主题林、楼道花卉的认购认养活动，使更多的社区居民知晓了"绿色家园"的自治活动，纷纷慷慨解囊，逐渐使"绿色家园"在社区日益加强了影响力。现在，居民自觉维护小区的绿色环境，要将小区打造成绿色家园，这让基金管理团队感到他们的付出得到越来越多居民的认可，成了大家参与活动的动力。"绿色基金"的茁壮成长同样离不开社区党支部和镇社区管理中心的支持、关心和认可。社区党支部为他们搭建平台、对外宣传，社会组织服务中心为他们向外推广、联系后援。

绿色家园文化涂鸦墙、小品《楼道里的绿色故事》、说唱《绿色江安在招手》都是社区文化社团对"绿色基金"的认可而发挥团队力量创作的作品。通过团队的画笔和演艺才能，向更多居民宣传"绿色基金"和基金的作用。也是因为"环保护绿队"种植的爱心苗圃、桂花林、月季园和主题花坛，都能成为居民的眼见为实。所以，才会有源源不断的爱心流入"绿色基金"，甚至连小区的弱势群体也会主动掏腰包、表心意。

在"绿色基金"中有一笔特殊的捐款，是曾受到居委及社区骨干爱心帮助的重病患者郭阿姨捐出的 500 元现金。她说："在我遭受病患时，大家伸出援手，助我战胜了病魔，我要回报，参与绿色基金。"郭阿姨的行为令人敬佩，但"绿色基金"的最终目标是让所有的居民都参与到自我管理的行列中。智囊团的"智多星"开始头脑风暴，筹划建立一个类似李连杰的"壹基金"的方案，产生一个"二基金"，即每家每户每半年募集 1 元钱，每年 2 元。既不伤元气，又可以有源源不断的基金汇入。小区有 2500 多户人家，一户 2 元，每年就有 5000 多元的基金。

2017 年 1 月 19 日，"绿色基金"成立一周年之际，基金的周年庆活动隆重举行，这时"绿色基金"开始有了一些知名度，在镇相关领导的带领下，江安社区又与嘉定区绿化园林管理所签订了共建协议。在"绿色基金"成立初期，在镇社会组织服务中心的牵头下，江桥镇农发公司不但主动参加了"绿色志愿期待你的加入"的活动，还赞助一批桂花树，并指导种植技术的学习。同时引入了社会力量的指导和帮扶，江安社区绿色家园工作和"绿色基金"今后将一步一个脚印，更为铿锵有力。在周年庆活动上，社区的睦邻团队"大家唱戏曲组"根据移花捐钱的真实事件，创作了一个小品《楼道里的绿色故事》，通过搞笑而具有讽刺意义的表演，让居民对绿色家园建设、"绿色基金"、认购认养有了更多的认识。这个小品不但在江安社区演出，还走上江桥镇的大舞台，甚至在 2017 年嘉定区的植树节活动上进行表演，不但将"绿色基金"推向大众，也让更多的市民意识到爱护绿化、保护绿化的重要性。

"绿色基金"在 2017 年的植树节期间策划了"寻找雷锋的色彩"主题志愿活动，动员小区的志愿者们在奉献社区的同时，也为小区的绿化工作尽一份力量。3 月 2 日，在启动仪式上，志愿者们纷纷发言，以雷锋为榜样，为小区的建设尽着自己的一份力量。3 月 5 日，卫生志愿者为月季园的月季花除草、施肥、培土。3 月 8 日，妇女同胞种植近 40 株山茶花，以种花的形式来庆祝三八妇女节。3 月 12 日植树节当天，所有团队的志愿者集体出动，种植楼道认购认养的月季花。在为期两周的活动中，在志愿者的实际行动下，又有一部分居民走出家门，加入志愿者的行列。在大家的齐心协力下，3 月份已基本完成 2017 年的上半年的种植任务，接下来就是花草的日常维护和培育工作。

开展"绿色基金"的工作使团队成员获得强烈的满足感和幸福感。原来一个社区居民连社区分发的擦汗毛巾都不要，现在大家社区认同感增强，大家不再说别人偷花，而说拿花，并以身作则，用行动感动每一个人。小汤每天7点去巡逻看哪里会有缺花，发现问题，就在网上沟通。团队成员建有各种微信群，有志愿者群、绿化群、绿色基金群，一件事只要在群里发，大家就都知道了。开会时，大家一般在群里通知，请假也在微信群里。这也使得组织管理协调得以进步，以前大家不知道微信，更不用说使用微信管理团队。

六 绿化规章——绿色例会与监督

基金会的组织思路和规则都是由之前的绿色志愿者演化而来。环保护绿队到绿色基金的不断发展，社区党支部书记起到了很大的推动作用，虽然后来由季莎莎主导具体工作，但社区党支部书记队组织架构的搭建和组织的一些基本规则的形成起到很大的作用，到后来一般也都要参加他们的周一下午例会。书记对于基金的决策会议都要参加并且发表一些意见，对一些问题进行方向性的指导，但并不参与具体的事务。

基金使用在业主委员会的办公室作为日常办公的地方，充分利用社区里的资源。六个组织成员基本都在这里办公，平时有组织成员轮班。周一开会大家便在这里开会，八九个最核心成员，总结上周的内容，完成事项以及外出采买。规矩都是在这个会上共同讨论制定，有特殊情况再开会，需要大开支便要开会。有一次，有一个队员买药剂花费45元，买完之后才和团队里说，但这件事情不合组织规矩，只因为他觉得报销、签字、批准这一流程特别麻烦，所以就自己掏腰包，也没有想报销，其实已经出现了很多这种情况，季莎莎也劝他改变行为，要细水长流，不能一个人付出这么多，这样也会对团队其他人构成压力。

组织内的核心成员在这里商议决定基金的一些具体事项。在资金的使用方面，需要用钱的时候，拿钱、取钱都必须两人，以在追究资金问题时，能有人做证。资金使用要提前提出申请，工作组去考察，购买工具、草籽和树苗。价格确定要去两次，先去一次考察，再去一次敲定，而且外出的交通、餐饮方面的开支不能使用基金的经费来报销。工具的使用由工作组操作，但报账要监督组签字。

自2016年1月19日江安社区"绿色基金"成立后，监督小组以坚持原则、监督检查为准则，对资金使用上的监督都非常严格，定期公布，也得到了大家的认可。认真负责对每项基金使用做到符合要求，票证、记录存档，物品齐全，数目准确，账目清楚，并检查核对。成立两个月后便对资金进行一次清理和公布，从第一次广大居民支持的募捐以来，总捐款数8275元，其中，第一次捐款6005元，第二次元宵节活动中又捐款，捐款数2270元，已全部存入"绿色基金"账内，并保存捐款人姓名、捐款数，为收入依据作为原始凭据。江安社区"绿色基金"运行以来，因绿化工作须要拉运树苗、运土、清理绿化带内杂物，须要购买电动三轮车与劳动工具，经绿化工作组、监督小组召开专题会议讨论，并邀请社区党支部书记参加，大家一致同意资金由"绿色基金"账户内支付，现支付购买款 2700 元，监督小组对一切手续符合要求检查，有会议记录、购买发票凭证，车辆由专人负责使用、保管。

基金管理组、监督组、护绿队以及居委会的全体成员被社区社团、社区积极分子和广大捐款居民的行动激励，要不负居民的重托，将基金运作好。不但要规范使用好基金，而且要把基金用在刀刃上，发挥最大的价值。每次例会，都做好记录。规范使用基金，例会提出申请，管理组审核是否可行，然后给予回复，拨付资金，收取票证，入账。最后上报给监督组进行审核，每季度在宣传栏进行公示。各项规范的制度，使基金的运作让人信服，才能汇聚更多的"能人"志愿加入基金的队伍，或是做义务宣传员，或是加入环保护绿队，或是定期捐钱，或是成为智囊团成员，为基金的健康成长出谋划策。

七　小团体的成长扩大——从"护绿队"到"绿色基金"

从不到六人的"护绿队"到团队的捐款到成立"绿色基金"，从 2000 多元到目前的两万多元基金，从黄土裸露的环境到桂花林、月季园、爱心苗圃的形成，从 2014 年 10 月到 2017 年 3 月两年多点的时间里，小区环境的变化大家有目共睹，确实通过大家的共同努力得到了巨大的提升。开始有更多的居民加入绿色志愿的行列，更多的居民意识到创建美好家园人人有责，不但要注重自己的"小家"，更要关心我们的小区，因为小区是我们的"大家"。

"环保护绿队"的护绿行动得到了社区众多居民的认可，如今"环保护绿队"的队伍越来越壮大，有不少党员同志也加入了他们的队伍。每年寒暑假，"环保护绿队"都会带领社区的青少年一同开展护绿活动，在护绿的同时，孩子们不但可以体验护绿的乐趣，还可以从小就树立爱护绿化、保护环境的意识，一举两得。如今，爱绿护绿已成为江安社区全民的自觉行动，通过一代又一代人的努力，相信社区的环境一定会越来越好。"绿色基金"从最初环保护绿队的六个人发展到 2017 年共有 20 多名成员，日常活动还有社区中数十名志愿者参与。团队刚开始没想到发展这么快，开始想做成绿化、舞蹈、书画等模块，先做成一个模块做示范，后来参与的成员逐渐增加，阳光之家也要参加，残疾人队伍以及气功队开的座谈会等也要参加，这一活动启发于江安镇居委会，所以很多组织都参加了，镇里的社区科也捐了 3000 元。

为了激励大家更积极地捐款，为小区绿化做出贡献，季莎莎和社区党支部书记还设计了荣誉制度，对捐钱的成员开表扬会，并给予物质上的奖励和证书，最主要的一种形式便是捐款 100 元可以获得荣誉卡。

现在几乎整个社区的居民都已经以各种方式参与到绿化的工作中来。由居民楼组长牵头管理，每个片区、楼道门口管好自己门口，在楼道里参加，楼道里也形成团队，看好门口每一棵树，每棵树都是一个生命。捐了一棵树，就是捐了一棵生命，一个人的生命的延续。
这也是居民们的认同和理念，没钱不要紧，只要给它一点水、给它
一点阳光就行了。如果强调捐钱，则会变质，就是从侧面形成了捐
款竞争。

团队的核心成员有八九人，但有 30 多个志愿者也参与到实际劳动
中，这些人由居委会相关负责人通过微信管理，在微信群里通知志愿
者参与活动。在他们参与活动时，团队里的一个人来安排每个人的工
作，分工很明确，这些志愿者积极性很高，大部分成员比较稳定，也有
临时加入的志愿者，现在绿色基金开展工作时一呼百应，很有号召力。

八 自治理机制——"绿色基金"管起来

作为发展迅速的社区自组织，"绿色基金"建立围绕资金的募捐
和使用形成一套治理机制，为组织的进一步发展提供保障。但作为新
生事物，"绿色基金"的制度也在逐渐形成发展中，目前的基金使用
制度、例会制度及季度公开监督制度是居民自己讨论制定的较正规的
制度，是由基金的工作人员、智囊团成员及团队负责人及居委会集体
智慧的产物。他们也将在接下来的工作中继续不断探索，不断推进绿
色家园建设，让人人参与绿色环保工作，让热爱家园成为一种自然的
习惯。

资金使用主要涉及树苗、草籽和工具（铲子等），每次较大的开
支须要在周一的会议上讨论，向团队提出申请并制定计划，大家共同

去调查，提前去嘉定区（安亭、新蔗园）或市区的苗圃看价格（工作小组，之前有经验，所以要讨价还价），货比三家，对比质量，最后讨论是否需要、价格是否合理，经一致表决方可通过。监督小组的两三个人要再去一趟，买的时候要票据，不合格不报销，最后再去一次完成交易流程。因为团队中有一些人比较有管理经验，对资金的使用和监督也比较有经验，因此这一套机制并非在逐步实践和试错中形成，而是在最初便已设计完成。往来的车费、餐费都不报销，这是默认的规则，因为团队经费并不宽裕，而且都是居民一点点捐助攒起来，大家都认为不能花费在这些无关的开支上，否则会引起居民的质疑，同时这些从根本上杜绝了可能出现的在餐饮和交通方面的铺张浪费。资金使用的账目，由两个组的组长来台账，工作组来做，监督组核实，并由两名组长签字确认。

基金会的组织思路和规则都是由之前的绿色志愿者演化而来，但没有系统的经费思路。工作组的三个人参与绿化环保小分队。社区党支部书记只是号召，一般都要参加他们的例会（周一下午）。书记对于基金的决策会议都要参加并且发表意见，居委会所扮演的是一位掌舵者，具体的不参与，只是把握方向。

一个业主委员会副主任在工作组中，一个业主委员会主任在监督组。业主委员会的资金要用在刀刃上，因为资金有限。业主委员会和基金会的工作具有一定的相关性。为基金会开一个账户，以私人名义（工作组的同志）开的账户，因为还不是法人，通常开会，买物资，去拿资金也是两位成员。这些规则都是六个人商议决定。

　　社区"环保护绿队"的组建让社区爱好绿化种植的居民有了展示能力的舞台，"绿色基金"的成立也将居民要共建绿色家园的心凝聚在了一起，只有居民自己想要的，他们才会投入更多的激情和精力，这也更有利于社区绿色环保项目的长远发展。绿色志愿维护绿色家园，"绿色基金"推进居民自治。绿色志愿服务不仅解决了小区绿化缺少的问题，更推动社区居民自治工作向纵深发展。

　　首先是动员大家以各种形式参与绿化工作，传播绿色理念。居民参与小区绿化的形式非常多样，不一定非要捐款，可以选择不捐款，也可以参加绿色环保小队，以劳动的方式为绿化做贡献。环保小分队每年一到两次的招募，很多居民都会前来报名，当然有很多并非十分固定，因为不少年轻人有自己的工作，只能利用休息日来参与，也有些老年人有照顾小孩等事情，也只能利用零碎时间来参与，但不管怎样，只要有心参与便是"绿色基金"的工作受到关注，表明"绿色基金"的理念赢得了大家的肯定。志愿者参加工作或开会时都需要签到，并记录活动情况和活动进展，做完之后还要签到并记录劳动时间。

　　每隔一段时间，"绿色基金"团队将全部捐款的人召集起来开会通报基金的募捐和使用情况，工作组组长汇报工作。在会议上表扬一些在劳动中和捐款中表现优秀者，以精神鼓励为主。基金对每一笔捐款都记录下来，对居民的爱心都加以回馈。在沁园书画社老师的操刀下，设计了红、绿两款爱心卡，社区手工团队的达人制作了精美的微盆景及串珠作品，在"绿色基金"一周年庆祝活动时对捐款达到一定数额的居民进行爱心卡的发放和礼品的馈赠，以表示"绿色基金"对他们的感谢。同样基金团队工作人员的付出也得到回报，在护绿队员家属生病时，居民和邻居会伸出援助之手，陪伴得病的家属就医问诊、取药结账，以解志愿者的后顾之忧。

这就是"绿色基金"成立以后，江安社区所发生的一系列变化，小区黄土裸露的环境改善了，更多小区居民加入志愿者队伍了，小区居民之间的距离更近了，社区的人文环境更和谐了。

危房改造
——安亭镇绿苑社区

一 绿苑社区介绍

绿苑社区地处安亭镇黄渡地区中心，由六个居住小区组成，共计1711户，居住人口约5500人。2004年水产村行政托管到黄沈村，2012年6月撤村后划归绿苑社区管理并更名为绿叶小区，但当地人还是习惯称其"水产村"。

水产村是一种历史现象，并不独见于绿苑社区，是20世纪60年代整个上海市的政策结果。政府将原来居住在江河上的渔民迁到固定的陆地上建房生活，建成新的村落，改变其原来逐水而居的生活。在上海各区有许多个水产村，只以街镇名称加以区别，如安亭镇水产村。清末，天主教徒溯水而上，在沿江、沿海传教，首先接受教义的便是这些水上生活居无定所的渔民，天主教传统保留下来，因此水产村民多是天主教徒，而绿苑社区水产村90%的村民是天主教徒。这种广泛的宗教信仰因素，在社区工作的开展过程中也能发挥一定的作用。

1966 年，这个水产村迁到陆地上，借用当时别村的土地，集体出资建设 4 栋瓦房，租用附近几个村（主要是黄沈村）的土地。后来由于人口扩张，水产村又在这些房子的基础上续建二层，仍然以瓦作顶。这四栋房子属于集体资产，住户要向集体缴纳租金。但到 20 世纪 90 年代，由于房子太破，住户便不付租金。之前从 80 年代开始，随着村里经济条件改善、村庄人口增加，村集体开始花更多精力解决村民的住房问题，用集体经费来为村民建设住房，以接近成本价售给本村村民，被称为"平价房"。这些房子总共有九栋。

二 社区需求——小区改造

在水产村西南角的四幢破旧不堪的二层楼房，成为社区的"定时炸弹"。1966 年，渔民们根据政策开始在陆上定居，原水产村集体建造的 11 幢平房以收取租金的方式提供给渔民居住。随着时间的推移，人口不断增长，这些房屋已经不能满足村民的实际居住需要，陆陆续续地翻建了几幢多层住宅。1981 年，剩下最后四幢在原来的基础上撤除屋脊升为二层。近年来，这 4 幢住宅因年久失修濒临坍塌，每当台风、大雨、下雪等自然灾害来临的时候，居住在危房内的居民们都面临危险。每每这个时候，生活在水产村的许秋芳百感交集。于是，她四处奔波，了解原接管村对这四幢房屋的处理情况。

据了解，在 2007 年的时候因房屋破旧，原村欲建 80 套住宅房以平价商品房形式售予村民（其中居住在内的有优先购买权），但此方案因以下原因被搁置：第一，住在危房中的百姓视集体房为自己所有，要求将房屋当作拆迁房处理安置；第二，其他百姓认为，居住在内老人都有自子女并且都已购买了村里的平价房，已无优先购买权，这样做不公平。于是方案没通过，危房问题就一直没有解决。

三　社区能人——许秋芳

为了更方便地处理小区各类事务，安亭镇地区办聘用许秋芳进入绿苑社区担任社工，具体负责水产村的一切事务。许秋芳是镇人大代表、原水产村居委会协管员，同时也生活在水产村，居住在危房的旁边一栋房子里。许秋芳全程参与危房改造过程，很多方案都是许秋芳与居民共同协商而成。

许秋芳是小区的"百事通"。作为一名"土生土长"的黄渡水产村居民，只要提到水产村的情况，大家都会第一时间想到许秋芳。从小区的房屋结构、户籍人数、人口信息等基本情况，到谁家有高龄老人、谁家有困难等，她都能信"口"拈来。同时，许秋芳也是大家的"知心人"。"秋芳，秋芳，我家里漏水，你帮我想办法解决呀""秋芳，我家里小孩子要读书，要开个证明，你帮我开开"。凡是绿叶小区的事情，不管是大事小事，居民想到的第一个人总是许秋芳，因为在他们心中秋芳是一个值得信赖的家人。许秋芳也总是笑呵呵地应着，及时地进行处理。许秋芳对绿叶小区有一种家的情怀。闲暇的时候许秋芳笑声和嗓门总是最大的，那笑声中流露出她由衷的情感，流露出她热爱社区的情结。

入村口有一个小店，晚饭时许多人在里面休息，许秋芳有一些情况便在这里说出去，很多人在里面讨论，看大家的反响。在这次改造过程涉及一些居民的工作，许秋芳还动员三个楼组长、原水产村三个村干部以及部分党员，这些人都在其中发挥很大的作用。水产村居民的意见分歧很大，不同居民诉求多难以自发协调，完全听从居民发表意见，争论必然会没完没了；必须了解各方诉求后，先提出一个初步方案，放到百姓中，再收回修改。许秋芳在了解情况后一边深入居民家中进行走访，收集居民意愿，一边和社区的工作人员沟通，将水产村当前情况上报给安亭镇党委、政府，请上海市房屋质量检测站对这四幢房屋进行检测。因此，许秋芳在其中起到了重要的桥梁作用。

四 改造团队关系与动员过程——"三管齐下"助改造

改造中必然会对原有的利益进行大量调整，因此必然会带来大量的动员、说明、调解工作，这些工作都由绿叶小区的居民代表、志愿者、楼组长来完成。

志愿者包括原村的队长、组长和村民代表，在原水产时的时候大都有少量报酬，合并到居委会，居委会没有收入，则没有报酬。2012年开始形成村委会到居委会管理的方式，便出现了第一批志愿者，这些志愿者中产生了第一批楼组长，其中有 10 个都是许秋芳动员起来的，因为她与许多志愿者都是在同一个村庄一起长大，都是连着根的亲戚。此后这 10 个人动员更多人参与，并负责管理志愿者队伍，有事由楼组长负责通知志愿者。大家像滚雪球一样形成这样的规模，并在自己的关系网络中对一些方案进行解释宣传。这些志愿者通常具有威望和较强的组织能力。

楼组长有三个人，分别是王桂宝、金彩娟、陆芳英，她们在社区中也很有威望。王桂宝是水产村广场舞蹈队的队长，大家经常在健身器材旁边的广场上跳舞，队伍成立于 2013 年，成员们都是水产村的退休阿姨。通过这种方式，王桂宝也能动员起一部分人。原水产村入口的小店是金彩娟开的，她的小店本来就是水产村的集散地，水产村的居民跟她都很熟。陆芳英是物业上的清洁工。三位楼组长都是在晚上做居民工作，每人管 100 户左右，整个水产村有 300 多户。三人分工并不是特别清晰，也没有分的特别清楚每人分管哪几户。这些居民楼组长在许阿姨的带领下起到了引导作用。

改造过程需要征求大家意见，也有很多志愿者去与居民打交道，改造方案需要向每家每户发放告知单，对改造过程中具体的直接利益相关者还要上门做工作。这些志愿者去更方便、更好说话。一方面因为他们都是在一起居住好多年，从小一起长大，相互熟悉，方便说话；另一方面，因为居委会代表政府和官方利益，志愿者是代表居民的利益，能从居民的角度出发赢得居民的信任。

这些志愿者大多数是五六十岁的阿姨，退休后空闲时间较多，在改造过程中，需要志愿者对一些规则的落实情况进行监督，将这些情况反应给居委会。有的居民十分关心这个项目，在他们发现问题后，会跟这些志愿者交流，阿姨再反映给居委会。

水产村在 2012 年 6 月合并到绿苑社区，居委会带着政府的决定召开了一次居民座谈会，以各种方式收集居民的意见。当居委会工作人员表示当时村里集体建造了一批商品房供村民购买，凡购房村民应搬离集体房屋，大多数村民都按规定搬离了。由于这 4 幢房屋中的居民子女基本都已购房，老人应随子女居住，并且房屋拆除后不再复建，会场立即炸开了锅。有的居民说："你们政府想撒手不管啊？"有的老人说："我们死也要死在这里！"有的居民更无理取闹地说："压死算了，叫我们出去没那么容易！"还有居民无事生非："秋芳，你现在在居委会工作啦，胳膊肘向外拐了，不顾我们啦。"许秋芳作为居委会的工作人员已然成为居民眼中的为了保住工作不顾邻居们死活的"叛徒"。第一次座谈会就这样在大家的吵闹声和质疑声中不欢而散。

后来居委会又提出一个方案，将危房拆除，居住在内的居民自行解决住房问题。先试探居民的意见，让 18 户居民有个过渡期，补偿几个月的房租，其余 28 户不给房租。居民听说这个方案便闹翻天，因为子女的房子也很小，会便开不了。

倘若根据政府决定拆房子，居民反对；倘若房子不拆，这危房就像一颗定时炸弹，住在危房中的居民随时都会有生命危险。这两难的情况让夹板中的许秋芳心中更加不安。于是她一次次地走访，一次次地与居民谈心，她发现老人们心中都有着自己的"小九九"。有的说："虽然子女都另有房屋，但住房还是很紧张的"；有的说："和小辈住在一起老人家总感觉不便";还有的话语中也表现出了对这块他们从渔船上来后一直居住几十年的老房子的眷恋。确实水产村的老百姓都不富裕,一家三代五口人居住在60多平方米房屋的比比皆是,怎么还能再容纳多余的人呢? 老人们说:"不是子女不孝而是我们实在也不能挤进去啊!"真是可怜天下父母心啊。

许秋芳深知,靠自己一个人的力量是无法做好危房老人安置协调工作的,她必须发动更多的人、利用更多的资源和她一同做工作。幸好,危房中有几户老人的女儿是许秋芳从小一起长大的"小姐妹",比较好沟通。于是,她决定从小姐妹们着手。在许秋芳的不懈努力下,她从最开始的"孤军奋战"到后来组成"姐妹团",做了大量的协调工作,许秋芳感受到群众的力量,她们了解居民的所需所求,听取意见建议,她们带着居民的意见和政府沟通,将实际情况向政府反映,又将政府的反馈及时告知居民,以许秋芳为核心的"姐们团"成为连接政府和居民之间沟通的桥梁和纽带。

五 改造认同——危房改造靠大家

水产村的居民从20世纪60年代从水上迁到陆地上便一直生活在一起,大家相互熟悉,在村庄内部具有较强的认同感。同时,由于即将改造的房子是60年代建设完成的房子,老旧不堪,存在大量隐患,大家对这栋房子改造的紧迫性也达成一致,对此也很早便达成共识,这也构成了大家在这次房屋改造的集体行动中的基本认同,推动集体行动的成功。此前之所以没有改造成功，是因为前期多次改造的具体方案难以获得大家的一致认可。因此，问题的症结并非是否要改造的问题，而是改造方案可能形成的利益分配格局问题。改造方案必然会损害一部分人的利益，或者有的人获利更多，有的人获利更少。而绿苑社区和许阿姨在做大家工作的过程中，主要强调大家在改造共识上的紧迫性，在此基础上才可以谈分配格局的问题。同时强调，危房改建是街镇政府的集体财产，是全镇人民的福利，前提不是改善居住面积，而是危房改建项目，居委会没有改善居住面积的义务，而只有与村委改善危房的义务。

在形成大家能够达成共识的方案后，绿叶小区居民进一步凝聚共识，形成了更高的认同，并将小区改造看作大家自己的事情，这个新房子也是大家的共同财产。有了这些认同，建设时有很多人来监工，更多的时候是46户居民，还有社区中其他居民，或是因为当成自己的财产，或是因为有人说老了需要来住。对居委会而言，这种自发前来的监督使得工程管理成本大大降低，因为监督对居民而言是举手之劳，而如果让人手紧张的居委会安排工作人员来操作，则要付出较高的代价了。

这种认同是基于封闭的团体形成的利益分配格局，对于外来者有一定的排斥性。目前租房是只针对水产村民开放，而不对外，绿苑社区其他小区的人也不可以。因为水产村人的需求还没有满足，大家收入不高，这些房子很能吸引亟须改善住房的居民，目前难以兼顾外部人的利益诉求。如果以后水产村民的需求满足了，可以开放绿苑社区，再开放给其他街镇的人。

六 改造规章记心间——协商共建利改造

（一）居民协商，制定方案

1. 召开座谈会，征求居民意见

在改造工程期间的两年多时间里，许秋芳的"姐妹团"逐渐扩大成"危房改建议事会"，议事会中有危房中的老人，也有老人们的小辈，他们都想让居住在危房中的人们能够有更好的居住环境，能够老有所依。"危房改建议事会"的成员每隔一段时间都会聚在一起商讨草拟改造方案，并召集危房中的居民召开座谈会，听取居民们的建议，讨论人数 20 人左右，很难涉及所有居民。方案一旦成形就要公示，还要公示出各家的房屋基本状况、家庭成员多少、房屋面积等。

2. 居民讨论商议，出台方案

一次次的座谈会，一次次的提议、表决，一次次争论到面红耳赤，经过了几番循环后，在大家共同的努力下，终于达成了最终的改造方案——原拆原建，即由政府出资对 4 幢危房进行全面修缮，以此解决房屋存在的危险隐患，将修缮后的房屋以租赁的形式进行出租，建成老年中心。具体处置方案是：修缮后的房屋以租赁的形式出租给本村房屋紧缺的居民，房租为每月 400 元，并签订租房协议；租金用于水产村社区建设和社会管理；改建后房屋由原先 46 户住户优先租

用，房屋系生活用房，只限租用人本人及其配偶居住，不得作他用，不得转租。若出现以下情况将收回房屋：第一，租用人不再租用，其子女占用房屋；第二，租用人名下有自购房用于出租；第三，租用人有其他占用的集体房屋；第四，租用房屋有违章搭建。这样既解决了居住问题，也保留了老人的恋土情结。

房屋改建的过程中，46户变成56户，因为起初建设计划是56个房间，一样大，因为有的人口多所以会多给半间，致使46户房间有大有小，现在恢复成最初的模样。后来经过改造，变成56间，统一面积，现在不用考虑每家人口多少的差异，因为大都是老年人。

一次租期是一年，租金是半年交一次。拿钥匙时签订合同。租金每月400元，一年接近5000元，之所以设置成这个标准，因为5000元是一个台阶，不低也不高，对确实要解决居住问题的老人，这个价格能够承受；而对于仅想占据名额的人而言，这又算一笔不小的开支，针对他们设置了一个门槛。水电是统一在地方管理，水电费是集体交，然后通过户上收取，每户都有小水电表。出租协议是方案的一部分。出租协议在搬迁之前便沟通，初步协议告知、意向书，谁要租都告知。

此方案的形成距离第一次不欢而散的会议时隔整整两年，虽然时间有点长，但这是社区居民的事情第一次由居民自行商议解决，是社区推行居民自治的一个良好的开端。在这两年时间内，"危房改建议事会"一边和居民们共同商量房屋改造方案，一边联系相关部门对这4幢房屋进行检测，并得到了危房鉴定书。另外，每在防汛期间，议事会的成员都会组织和帮助居住在危房中的老人们自行撤离，确保他们的生命安全。

房屋改造花费数千万都由安亭镇政府负责开支，招投标也由政府来操作，居委会没有财政能力，只是向上级反应百姓的诉求。保持原貌的方案是居委会和政府讨论确定的，因为不能把房子变成违建。治理违章有很多先进的技术手段，如卫星和遥感的拍摄，改建后面积也不能增加，否则规划方案难以在规划部门通过。

3. 协商处置方案，签订租房承诺书

房屋处置方案通过了，但由于修缮后的房屋出租于本村房屋紧缺的居民，不仅涉及原先居住在4幢危房中的居民，也涉及除此以外的其他居民。所以"危房改建议事会"在确认通过的房屋处置方案后，将此方案公布于众，于2015年4月23日在水产村各醒目位置张贴危房修缮的公告，并于2015年4月26日召开了全体居住户的说明会，居民无异议后签订撤离通知书和租房承诺书，承诺租用或放弃租用，租用的则延续其原先的门牌号。

在签订租房承诺书的这段时间内，"危房改建议事会"又遭到了居民们的"围追堵截"，大家都不想放弃租用，抢着要签租用承诺书。居民们心里都打着自己的"小算盘"，抱着"走过路过不要错过"的心态，想着反正是公家的财产，就算自己有房子住，也要租下这房子，就算以后自己不住，也可以再出租出去，或者开个棋牌室什么的赚点小钱，等等。但房屋数量有限，如何才能合理、合规地分配这些房子呢？许秋芳觉得还是要发挥他们队伍的作用，晓之以理、动之以情，对这些心里面有想法的居民上门——进行劝说，再次告知他们房屋系生活用房，只限租用人（水产村老人）本人及其配偶居住，不得作他用，不得转租，以后若用于其他用途或其子女占用房屋的，政府将收回其租用的房屋。老人去世，子女不能继承，这个不是遗产（46户原来的房子是当遗产）替补，按人均面积上去，提出来登记情况，根据登记的情况来规定。经过一番周折之后，居民们最终根据自己的自身需求，签下了租房承诺书。至2015年5月5日，有近90%的住户与社区签订租房意向书，其中两户签订了撤离通知书并表示不租用改建后的房屋，把房子让给真正需要的居民。

（二）收集意见建议，危房改造圆满完成

工程开工了，许秋芳牵头的"危房改建议事会"成为工程监察主力军，他们每天都会轮流到施工现场对工程进度和质量进行巡查，风雨无阻。其他居民都看在眼里，纷纷加入他们的队伍，当他们发现问题后都会提出各种实用性建议，并及时集中反馈至秋芳那儿，再由秋芳统一向政府反映，寻求帮助。

在大家的共同努力下，工程竣工了。居民的居住环境得到翻天覆地的改善。屋内，虽然只有一室，但"麻雀虽小，五脏俱全"，房间、厨房、卫生间一应俱全。屋外，大量运动设施的引进也让居民有了休闲娱乐的场所。另外，还配备统一晾晒点。

2016年元旦前夕，居民们签完租房协议后陆陆续续地搬进了新房，得到实惠的居民纷纷对这一民生项目、民心工程给予高度

评价。居民们有的说:"改造后,这里的天也亮了,空气也新鲜了,每天的心情也好了!"有的说:"在这里住了大半辈子,怎么都想不到还能住上这么漂亮的房子"有的说:"以后下大雨、刮台风再也不必担惊受怕了"。

听到居民一声声赞扬的话语,看到他们一个个幸福的脸庞,许秋芳的团队在改造过程中经历的各种艰难早已烟消云散。水产村的这一巨变让人看在眼里、乐在心上。通过居民协商,将所有占用的集体资产都收回,改建成全体居民都能享受的有效资源,危房改造不仅归正了集体房屋的使用原则,而且给百姓创造了一个更宜居、更舒适、更便捷的生活环境,提升了居民生活品质,进一步增强了居民对社区的认同感和归属感。

有一些原来占房的人、围观的人最初也签订了租房协议,上半年交钱,但下半年就不租退房了,因为对这些并不急需住房的人而言,这个房子并不合适,还要付出一定成本,并不划算。最终,他们5月底时提出退房,因为需要提前提出申请。

第一次租出51户,入住46户,5户没来,因为他们觉得并没有什么好处可以占,另外10户是原来的、要综合改造的20世纪90年代的集体房,包括平房和二层楼板房,不在这次改建的房子之列。

房子建好后都是由物业来管理,并由他们收取房租,而房租不能由居委会来收,现在没有维修基金,也没有交物业费,开支主要来自房租,但房租用来给全村的居民维修,而不是这几层房子。因为物业公司是共建单位,小区保洁、退休维修人员等开支都是物业公司来负责，暂时没有在这个小区收缴物业费。社区书记跟物业总经理进行沟通协调，绿苑其他小区都要开始收物业费，改造后的房子也要收物业费，这样能使社区的管理得到很大的改观。

七　小团体的成长扩大——从单一议事到多元自治

（一）发挥居民自治，共建美好家园

危房改建工程完工之后，以许秋芳阿姨为中心的"危房改建议事会"并没有解散，从这次改造过程中，他们看到了居民自治的成效，大家一致认为，只有成立管理体系，建立居民自治服务网络，实行居民自治，让居民自己来管理自己的事情，才能真正符合社区居民内心愿望、及时化解社会矛盾、推动基层民主建设，从而畅通民意表达渠道，使社区不和谐因素及时消除，最终建成和谐美好的社区家园，促进和谐社会的构建。

1. 居民自选，成立居民自治服务小组

议事会的成员在每幢楼前张贴了成立居民自治服务网络的通知，要求每幢楼推选一个代表组成"水产村居民自治管理小组"，在大家的多次协调、动员下，每幢楼都推选出了大家信得过的代表，并且经过了公示、得到了大家的一致同意。

2. 广开言路，制定相关规章制度

"水产村居民自治管理小组"成立了，相关的规章制度也应该及

时出炉，管理小组广开言路，认真听取居民的意见，集思广益，共同制定出楼道管理制度、收费制度，并张贴在各楼道内。管理制度确定了楼道内的卫生工作由大家统一排班、轮流清扫、处理垃圾；收费制度确定了有当选的居民代表每户每月收取租金400元作为管理费，用于水产村大家庭的自治管理，管理小组每年公布一次管理费的账目，必须做到财务公开透明。

3. 各方协调，解决矛盾

虽然居民自治服务小组建立起来，但是各种矛盾却不断地凸显，比如有的租户刚开始的时候还自己住在房屋内，但后来就慢慢将房屋空闲出来用作其他用途（棋牌室、供应客饭场所等）；还有的租户无视管理制度，不交管理费；更有居民用桌椅等霸占小区停车位的状况等。针对种种矛盾，"水产村居民自治管理小组"不断上门了解情况，对居民做了大量耐心细致的说服教育工作，将各种问题都尽量解决，让居民理解支持管理小组的工作。

4. 征求意见，完善管理

在居民自治管理小组成立两个月后，再一次召开了居民代表大会，征求居民对这两个月来管理小组运行情况的意见和建议，并且对居民提出的问题进行进一步解决，使管理更完善，更能取得居民的支持。

居民自治管理小组成立后，虽然一开始遇到了诸多问题，出现了一些意想不到的矛盾，但通过各方调解，终于将各种矛盾化解，使得工作正常开展下去。租用房屋用作其他用途的居民退出了房屋的租用；

不交管理费的居民把该交的租金都补交了；对于小区内霸占停车位现象，大家还在许秋芳等志愿者的带动下，成立了巡逻小分队，确保停车秩序。以前经常上演的"抢车位大战"消失了，小区停车有序了，消防通道畅通了，居民出行更便捷了，邻里间的纠纷也不见了，大家互相帮忙、互相关心。居民们切身感受到了有这个居民自治管理小组的好处，同时也更支持社区的各项工作。

2016年，水产村其余房屋的一系列综合改造基础工程开始紧锣密鼓地展开，如天然气管道安装工程、自来水改建工程、雨污水改建工程等等，这些都是涉及每家每户的惠民实事。在天然气管道安装工程中，"水产村居民自治管理小组"联合绿奕物业一同配合天然气公司做好入户调查、图纸绘画、联系居民、确认具体安装时间等各方面前期工作，使天然气安装管道安装工程能够井然有序地进行；在自来水、雨污水改建工程中，及时提醒居民做好相应措施、出入注意安全，使各项工程都顺利完工。"水产村居民自治管理小组"再一次成为连接政府和百姓的纽带，在配合政府工作的同时，更好地从百姓出发，收集百姓意见和建议，为百姓考虑，让实施工程最大限度地造福百姓，使水产村所有的居民都能生活在舒适、优美的环境中。

在改造中还需要对一些问题进行协调，才能保证工程的正常推进。有一户在外面盖了卫生间，如果不拆，雨污水问题难以解决。因为这是20世纪80年代的老违建，许秋芳上门做了多次工作，房主最终才答应拆除。这类问题在改造中经常发生，大都是志愿者做的工作而不是楼组长。因为80年代的违建很普遍，村里也不在意这个，没有进行有效管理，大部分人都是有地就造，现在要单拆她一家的，起初她也感到不舒服，几十年都没动，现在却拆掉，她想不通。最初要拆时，她还询问有没有补贴，许秋芳说没有，如果给你开了不好的头，后面就难做，居委会也没钱来补贴。只能让她带头，违章拆掉，一分钱也没赔，她说也算了。能解决这个事情，主要靠大家相互的信任，关系好，说笑着把事情解决。如果不熟悉，工作难以推广。

（二）志愿反哺，携手公益

水产村位于黄渡卫生服务中心旁边，地理位置较好。随着社会经济的快速发展和来沪人员的不断涌入，小区中的年轻人纷纷外出购买新建小区，致使居住人群两极分化。一扇门、一堵墙、一幢楼，就像一道道鸿沟，隔断了比邻而居的欢乐，也割裂了"远亲不如近邻"的传统。如何引导居民走出家门、融入社区？如何才能让小区变为熟人社区，成为大家的"共同家园"，让居民生活在其中能够感受到更加温馨、更加有"人情味"？如何让居民们既能体会到"邻里相助"的美好，又能享受现在社会文明所带来的生活便利和幸福？这是许秋芳和居民自治管理小组当下面临最迫切的事情。

1. 联动合力，助力多彩教育

近年来，许秋芳慢慢感受到小区内新居民人口正在急速增多，来沪人员大多都是双职工家庭，其子女在家中缺乏必要的关爱和保护，从各种媒体上都能听到、看到这些孩子因家长们疏于照顾而发生事故的新闻。许秋芳心里焦急万分，和小组成员分享了她的想法：城市的蓬勃发展，离不开无数辛勤耕耘的"新居民"，我们应该做些什么，善待来沪务工人员，帮助他们的子女快乐健康成长。

一次走访时，有居民提出："现在学生作业很多，很难，平时家长下班又晚，只剩我们这些老头，又不懂那么多。"随后管理小组的成员进行后续调查，了解到很多小学生希望放学后能有地方学习、有专人照看、有活动参加、有伙伴相处。面对居民的心声和需求，大家经过商讨后，决定在小区内开设"快乐三点伴"活动站，提供免费活动场所，为三点半放学后无人照顾的社区流动儿童进行作业补习和开展课外活动，为他们营造安全港湾，创造更好的成长环境，让他们在爱心和温暖中成长，也让他们的家长安心工作，无后顾之忧。随后，管理小组的成员们开始了紧锣密鼓的筹备工作，他们排查小区流动儿童数量，策划活动方案，明确宣传方案和具体人数，并确定"快乐三点伴"活动站开班时间，与家长签订协议书；他们通过安亭镇地区办联系公益组织，招募大学生志愿者。在面向小区招募社区志愿者的时候，意外地发现报名者中有大部分都是之前危房改造过程中受益的老人们的小辈们，他们表示之前看到了许秋芳团队为了小区、为了老人们无私的奉献，现在希望能够尽上自己的一点绵薄之力，也能帮助需要帮助的人们。他们中有家长志愿者，有居民骨干志愿者，共同守护学生安全，督促、辅导学生的课后作业。

"快乐三点伴"活动站于 2016 年 9 月 26 日正式开始，每天放学后可以看到学生成群结队来到社区活动室参加"快乐三点伴"活动。在这里，孩子们有安静的学习环境，有上海大学、同济大学的学生志愿者为他们答疑解惑、辅导作业，有家长志愿者们为大家做好各项后勤工作。活动站受到家长和学生的极大欢迎，学生从中获得快乐，而家长们也从家中走进社区、融入社区，在自身受益的同时也去帮助别人、关怀别人，通过这种志愿反哺创新模式调动居民的参与积极性，提升社区居民志愿性参与，形成志愿和资源的大循环，有效地推动居民自治。

自"快乐三点伴"活动站成立以来，居民自治管理小组开辟"快乐三点伴"微信群，并在每季度召开家长联席会，了解孩子学习后的情况。每月根据大学生志愿者的反馈，及时与孩子进行沟通，实时关注孩子动态。通过关爱社区新居民，使其融入社区这大家庭，营造"绿苑一家亲"浓浓氛围。

2. 建"心愿角"，打造睦邻新平台

危房改造时，在新造的房屋前有一块供居民晾晒、健身娱乐的休闲场所。渐渐地，此处已经成为居民们聊家常的一个聚集之所。居民自治管理小组将其打造成睦邻心愿角。在这里，居民之间可以聊家常、议社区事、贴心愿卡；在这里，居民自治管理小组可以收集居民心愿，和对社区建设意见、建议；在这里，居民之间可以相互帮助，形成良性互动。

小区中有一居民许老师想买一辆新能源电动汽车，但因为老小区不具备安装充电装置的条件，买车的手续一直办不下来。当她在"心愿角"说起这事时，其他邻居建议他把这心愿写下来，看看大家能不能一起想到解决的方法。几天后，许老师的心愿就被管理小组成员在例会中进行了热烈的讨论，并第一时间到物业公司了解情况。同时，热心居民在知道此事后也来到了物业公司，想着她的车位在最边上靠着围墙，能安装的话就和许老师家换一下。于是，管理小组和物业一起到现场进行查看后发现最边上一个车位旁有一个有线电视电源箱，如果挨着电源箱安装的话不影响其他居民，也没有其他的安全隐患。就这样，许老师的这个心愿完成了。

自从许老师通过心愿角实现心愿，空闲的时候她就经常带着爸爸妈妈去那边坐坐、聊聊。在这里，她的父母参加了小区的各类团队，同时也加入了小区志愿者队伍，生活变得丰富多彩了。作为老师的她，在社区需要的时候，做了自己力所能及的事。她开办了双休奥数培训班，为幼升小的孩子拓展思维训练。在许老师的带领下，一批年轻的志愿者加入了社区自治的队伍中。

一个个心愿架起了睦邻有爱的桥梁。睦邻心愿角，聚集左邻右舍；小小心愿墙，拉近你我睦邻情。睦邻心愿角成为邻里之间生活和情感交流的平台，是一座沟通的桥梁，是邻里之间生活和情感交流的场地，是睦邻互助友爱的基地，是社区志愿反哺的绿地，是唱响幸福生活的园地。傍晚时分，当看到有居民在这聊天，有居民在健身，还有居民在遛狗……这一幕幕和谐的景象让居民自治管理小组的每个成员都感到欣慰。

3. 文化活动引领全民参与

水产村居民自治管理小组根据大家不同的文化层次和兴趣爱好，组成各具特色的艺术沙龙，各自治团队每周定时、定期轮流有序地开展"欢乐每一天"活动。通过自治团队的引领，拉近邻里关系，使居民发挥所长，感受社区浓厚的文化气氛，有效推动居民参与社区文化建设的积极性，让居民积极参与到社区自治管理，激发起广大居民强烈的社区归属感。通过"三五"学雷锋、"五四"青年节为社区孤寡老人服务、端午睦邻包粽子、元宵给独居老人送汤圆、庆中秋迎国庆等"我们的节日"系列睦邻活动的开展，改善邻里关系，融洽居民感情，打造"人文社区"。

通过文明家庭评选、道德讲堂以及丰富多彩、健康有益的文化、体育、科普、教育等活动，倡导科学、文明、健康的生活方式，使更多的居民参与社区建设，营造和谐社区。

水产村的综合改造工程正在进行中，水产村居民自治管理小组仍将一如既往地让居民自己充分展示他们的能力，每天上下班高峰期，都能看到他们身穿志愿者马甲指挥交通，提醒来往居民注意安全；当大多数居民都在家中吃饭休息时，他们仍然穿梭在小区的各个角落，为了大家的安全巡逻；自管小组从2人、4人开始逐步发展成十几人，他们还在规划着改建后的各项自治、开放式小区如何提高安全系数、南北两个区域门禁的管理、车辆的管理等问题的解决办法。相信在他们的共同努力下，小区自治会开出艳丽之花，"自治"将会成为社区管理的一个新潮流，成为城市化进程中一道亮丽的风景线。

小区改造项目
——嘉定镇街道秋霞社区

政府单一的行政资源已经成为当前社区治理的一大难题，而社区居民的自治理念与自治能力尚未建立起来，在这种状况下，居民自治团体的作用就显得尤为重要。如何发掘社区能人并有效调动居民参与社区治理的积极性，去解决社区治理中政府难以解决的事务，如何培育和扶持基层社区居委会和居民自治组织形成社区健康发展、和谐发展态势是实现社区自治的关键之所在。

一 秋霞社区介绍

秋霞社区成立于2004年2月，位于嘉定区嘉定镇街道东部，以"秋霞圃"公园命名，东临金沙路和东大街，连祁河南面，南至塔城路，西至博乐路，北至启良路，社区辖区面积共10.88万平方米，由三个自然小区组成：秋霞公寓（东大街250弄和金沙路395号）、金沙小区（金沙路331弄和金沙路253弄）、金沙公寓（金沙路366弄）。

3个小区中2个小区基本建成于20世纪90年代中后期，最早的小区建设于1994年，时隔20余年，社区整体硬件设施较为陈旧，老龄化程度高。3个小区分布着93个楼组，社区现有居民1158户，实有居住人口3500余人，共1207户，其中有一些拆迁户，搬走之后户口依然留在这里。

社区内人口流动性较高，1129户中有200户左右出租户，因此社区内时常出现正在装潢的家庭。社区实有人口3500人中，长期稳定居住的居民有3000人左右，来自社会的各行各业，大部分都是中等小康家庭，没有企业家庭，没有失业登记，有2户低保。外来人口中有500人长期居住，还有200人左右流动性较高，居住时间在一周到一个月左右，大部分是来自嘹城新天地餐饮业的员工。社区每年有红十字（蓝天下挚爱）的捐款，据上门情况了解，捐款大额的少。还有些在本社区搞赞助，但没有特别需要救助的居民。

社区辖区内有名胜古迹秋霞圃公园，文化场所陆俨少艺术院与嘉定博物馆，学校有嘉定区普通小学、上海科技学院与区委党校，其他辖区单位主要以政府机关单位为主（嘉定区卫生局、嘉定区血站、嘉定区市政管理署等）。多年来，秋霞社区的建设和发展在全体社区居民及社区单位的共同参与下，先后获得了上海市文明小区、平安小区、卫生小区，上海市社区建设示范居委会、社区建设模范居委会及全国综合减灾示范社区等荣誉。

社区整体辖区范围较大，各个小区分布较为分散，小区之间的居民互动联系较少，主要原因在于小区内居住的人群大多年龄较轻，因此互动交流相对较少，以往就社区内进行如煤气管道改造、水管改造、景观改造等需要征求大家意见时，大家都不愿意发出自己的声音，但各种维修改造一旦在社区内真正实施，各种各样的"声音"又会五花八门地冒出来，居民不配合工作。这时作为社区居委会和物业公司的工作者们时常感觉力不从心，最终导致工作无法顺利开展。

当前社区自治不能光靠社工站的人，还需要社区领袖人物与热心人士，让他们参与社区事务，积极挖掘出社区志愿者骨干，鼓励社区志愿者骨干从家里走出来，与社区居民混个脸熟，这样就让社区居民知道社区在做的事情，也体现了居委会宣传引导的工作方向。嘉定镇每个社区开展居民自治主要由居委会下设的5个专业委员会负责，分别是老龄群团委员会、治安调解委员会、妇女计生委员会、民政救助委员会、公共卫生委员会。同时还有主任、副主任以及3位委员。许多专业委员会的工作，如妇女计生中涉及儿童的工作，如社区内要开展儿童活动等，便可以将其中的资源整合起来，其中有一个宝贝睦邻点，少则五六户，多则十几户。还有治安调解委员会，也包括群防群治，平安志愿者每天至少有2个居民，只需要做一个宣传。

嘉定镇的睦邻点有20多个，由于没有活动空间，主要适合在主城区进行。睦邻点活动种类多样，有的是20多人在大树下看书读报；有的是每周固定时间，请医生给大家推荐健康的菜、量血压。后来经过笔杆子的宣传后，开始有些许变味，要求有党员、讲政治，在政治上掌握好，还分发册子。活动时间与记录情况不够稳定，有的阿姨愿意记，但有些很简单的活动，阿姨却不愿意记。后来睦邻点有了500

元经费，需要人员分工一个管钱一个管账，开始需要有记台账、发票、账目、活动记录。睦邻点初期发展得较好，后来有些变化。但也要看情况，有的文化水平高，有的文化低。有的打毛线，有的自娱自乐，年末会给一些经费走访特殊人群，如9户独居老人和2户低保户。

有些社区活动逐步往纵深方向发展，如老年人调解和巡逻。这里有8人组成的助老队，为社区老人提供上门服务，如交水电费、银行取款等，有的社区独居老人有几百人，工作量较大，有时候遇上极端天气也需要慰问，如今年年初碰上极端天气。但独居老人还需要慰问，同时社区还有日间托老。社区内有些老人搬出去，经过一两年还会回来看看。从整体来看，助老队活动内容不够有特色。

嘉定镇的睦邻点类似兴趣团体，提倡主要在居民家中举办活动，也有到居民活动室里举办活动的。主要以居民家中活动为主，有在户外开展活动的，如养鸟、钓鱼，还有些活动在车库里举行。这些活动不能完全靠社区，需要自己寻找。刚开始是在居民家里，后来遇到困难，如有比较猖狂的邪教，还有些居民对时政不感兴趣，便成立这样的睦邻点。开始都是睦邻家常，后来要配合我区发展与街道发展，配合上级的要求。上级要求的，居民便可以提要求，但居委会也不会提供什么，这样就降低了居民的活动热情。当前睦邻点暂没有发展成群团组织，当睦邻点举办聚会和社区举办活动时，睦邻点会让有才艺的成员表演节目，如春节晚会主要由睦邻点负责举办。

二 社区需求——小区改造

前几年还未出现社区自治、居民自愿参加社区文体活动等。现在主城区老小区的改造，涉及路面拓宽、房屋修葺、绿化砍伐等改造事务，相对于社工和党总支，社区居委会和专委会开始发挥作用，居委会更容易协调。对于主城区小区的改造事务专门成立了协调小组与接待小组，就社区改造项目尊重社区居民意愿并与社区居民共同协商。如拓宽小区道路可以停更多的车，但也有人阻挠。居委会提供一个平台，主要还是以百姓为主。该社区有个小区于2012年、2013年和2015年分别进行改造，对于小区里的改造，都会提前告知、通知并且每家每户发放征询单，小区三分之二的业主同意才能进行社区改造。如2015年一个小区粉刷改造事项，小区面墙需要全部粉刷，有些楼没有粉刷就找出那里的居民，尊重意愿询问他们是否需要粉刷，他们自己决定不需要粉刷，最终便没有粉刷。主城区老小区令人欣慰的是很多百姓开始参与进来，但是其中面临了太多的问题。

还有的小区面临主干道被电线杆遮挡的问题，就这一问题居民都认为可以改造，并且联系了电力公司，但这些电线杆重新摆置成为一个问题，如果将电线杆摆到道路边上，需要征询居民的意见，也许会遭到周围群众的反对。由于居民自治，很多以前可以做的事情现在做不了，因为需要协调各方的意见，难以达成统一的共识反倒使很多事务难以开展。比如小区快递箱问题，每个小区经常有居民投快递，但也有人反对，现在很多社区改造事务需要尊重居民意愿沟通协调之后才能推进。从居民参与社区改造事务上，可以看出居民现在的群众意识越来越强。

家住东大街 250 弄秋霞公寓 27 号 302 的居民秦仁荣已经在社区内居住了 15 年之久，对社区这几年的发展历历在目。然而 2014 年政府拨款对秋霞公寓小区改造一事，令他一直耿耿于怀。

2013 年秋霞公寓小区被列入嘉定镇街道老旧小区改造名单，秋霞公寓小区的大部分居民感到无比喜悦，由于社区近几年的发展和居民的利益诉求不一致，导致本小区积攒了诸多矛盾。比如，小区楼道墙面破旧、绿化带养护不到位、居民乱占用小区公共空间、停车位缺乏、小区安全技防设施不到位等一系列的问题可以通过老旧小区改造项目来解决。但是，最终的结果却事与愿违，小区改造过程中施工队员在砍伐绿化带的过程中引发了小区居民的意见不一致，一部分居民认为茂密的绿化带可以遮阳，尤其到了夏天能在树下乘风凉，宁愿少停几辆车也要把绿化带给保留下来，而且将绿化带砍掉以后自家门口车辆来来往往将对自己的生活造成不利的影响；另一部分有车一族认为停车位对他们来说才是至关重要的，小区空地、绿化带对他们来说都是浮云，能有车位停车才是最重要的。最终，现场施工方只能很无奈地将原先计划的车位拓宽项目减少，直至小区改造工程结束后秋霞公寓小区也没有多几个车位，这样的结果让很多有车一族感到费解。由于秦仁荣的儿子没有在小区改造增加车位项目中获得车位，两年后，秦仁荣的儿子搬住到了其他硬件设施更加完善的社区。诸如此类的改造项目还时常发生在小区改造项目的收尾阶段，由于考虑到小区出入口路面较宽大，因此原本打算在出入口安装一个大雨棚，一是为了下雨天的时候值勤保安能在雨棚下执勤，避免像以往那样一到下雨天小区内的保安就整天待在门卫室内足不出房，二是方便小区的居民及周边的邻居雨天时可以在这个大雨棚下避雨，三是考虑到小区的整体形象，大雨棚建成以后在雨棚上装裱上各个小区的名字。但是此计划也因为小区出入口旁几户居民的反对意见而最终没能实现，反对理由很简单：安装大雨棚以后，一到下雨天就会有雨水打到雨棚上的声音传到自己家中。即便是理由有点牵强，最终还是顺应了少部分居民的意见。诸如此类未能按计划完成的小改造项目还有好几例。包括秦仁荣在内的许多居民对 2013 的秋霞公寓小区综合改造工程是相当不满意的，基本只是简单维修了一下小区原有的外环境，少量增加了点儿车位，小区本身存在的很多矛盾问题没有从根本上得到解决，整个小区改造的过程中每天充斥耳朵的是居民和施工方的争吵声。总而言之一句话：社区内缺乏一个意见交流的平台，没人主动地将各类"声音"整理分析，更多的时候居民们对社区居委会、各小区业委会及管理小区的各物业公司都抱有排斥的心理。

三 社区能人——秦仁荣

秦仁荣，现年 68 岁，是一名忠诚的共产党员，退休前是一名国有企业的厂长，退休后一直活跃在社区建设管理的事务上，现在的他还担任秋霞居委会治安保卫委员会的主任。老秦的性格刚正不阿、心胸坦荡，平时从事社区志愿者工作时，对事不对人，因此许多小区居民都对他比较"服帖"，社区工作者们更愿意称他为"秦大队长"，就因为他有号召力，大家都愿意相信他。

由于2013年的秋霞公寓小区改造比较仓促，最终改造得不够彻底完善。较长一段时间秦仁荣一直在为此事"耿耿于怀"，这并不是他的抱怨，而是他的惋惜。政府出钱做好事，可是居民在许多施工项目上难以达成共识，钱有了，最终事情却没办好。转眼到了2014年，轮到秋霞社区内的金沙小区和金沙公寓进行老旧小区综合改造项目了，此时的秦仁荣终于鼓起勇气站了出来，虽然综合改造并不涉及自己所居住的小区，但是过往的改造经历实在太"惨痛"，老秦决定成立一个"小区改造协调小组"，为社区能顺利开展改造贡献自己的力量。在成立协调小组之前，他早就将许多关于秋霞公寓小区综合改造的不满与心里话告诉了几个社区内的热心人，伙伴们都很赞同他的想法。

2014年9月份，正值金沙小区综合改造前夕，秦仁荣来到了秋霞社区居委会主任的办公室，向时任社区居委会主任周加萍表明了来意，表示自己希望成立一个小区改造协调小组来为小区综合改造项目进行服务，一些好的施工项目并且实实在在对小区居民有利的项目不能中途下马，一定得通过协调让"好事"做下去。秦仁荣的想法让居委会主任周加萍又惊又喜，惊的是秦仁荣带头找一些人成立一个所谓"小区改造协调小组"，老百姓是否会买账？除了居委会以外也参与管理小区建设的小区业委会及物业公司又持何种态度？但是，对周加萍主任来说，秦仁荣带给她的这一番话更多的是喜，在小区居民自治的建设步伐中，终于有热心的居民站出来并勇于承担，实实在在地想做到居民的事情居民自己办。对于当时临近退休的周加萍主任来说，当时唯一的想法就是无论如何也得支持秦仁荣，促进这件事情的顺利完成。

四 改造小组吸纳、组织过程——改造协调拧成团

2014 年 10 月，正值国庆节期间，秦仁荣与几个社区内的热心人一同讨论了此事，秦仁荣认为成立小区改造协调小组意义重大，光靠自己的一腔热情可能无法将这件事做成，因此他希望社区内的老伙伴们能一同加入他的队伍。正如周加萍主任所担心的那样，大伙儿都以为随便找几个热心的居民组成这样一个协调小组，小区居民们肯定不买账，今后在实际工作中可能还是会出现争端。一腔热情过后，大家还是找到了周加萍主任商量此事。

在周加萍主任的牵线搭桥下，秦仁荣的小团队、小区物业公司及小区业委会的人聚在一起，共同协商如何成立小区改造协调小组。最终，在秋霞居委会和党总支的建议下，由秦仁荣担任组长的小区改造协调小组应运而生。为了让这支为小区居民服务的队伍家喻户晓并且组织管理运作规范，秋霞社区居委会召开居民代表大会进行投票表决，最终社区 1156 户居民中有 875 户居民户参与了表决，参与表决的同意率达 95% 以上，秋霞社区小区改造协调小组在 2014 年 10 月

就这样名正言顺地成立了。小区改造协调小组均由热心参与社区事务的居民群众组成，其中除秦仁荣外还包括普通志愿者、小区业委会成员、楼组长、居民代表等群体代表，这些成员以刚退休不久，有时间又有精力的人为主。

小区改造协调小组成立以后，金沙小区的综合改造工程也随即开始了。秦仁荣和他的小组成员放弃休息的时间，专门选择到一些后期施工项目可能会影响到的居民户家中进行了走访。在走访过程中，老秦发现其实大部分小区居民都是比较支持小区改造的，大家担心的问题主要是诸如某些社区改造会不会破坏自己门前的绿化，改造好后自己有没有车位，自家门口的绿化能否不被砍伐，油漆等是否有危害等问题。同时，让他们感到惊喜的是在走访过程中有很多居民都明确表示愿意加入到小区改造协调小组，套用居民王某某的话来说就是"小区就是自己永远生活的大家，谁不希望自己的家变得越来越好"。

记得金沙小区刚开始改造时，因为涉及绿化翻种工程，不少已经在绿化带内种植了各种各样花草的居民就跳了出来反对，"翻种绿化可以，我们自己在绿化带内种植的花花草草给我们留着"，正是这样的声音把施工队惊了一场，"这可怎么办，难道真要绕过他们的花草进行种植，又难不成和居民大吵 架？可是最终矛盾还是存在啊！"这个时候，秦仁荣的团队及时介入并开展工作，这支协调小组开始发挥作用。他们把这些居民召集起来进行圆桌式协商。最终，团队成员们想出了一个两全其美的好办法：种花居民们没有错，既然大家都爱种植花花草草，那就在小区改造时专门挑选一块绿地出来给大家进行种植，统一的种植不仅美化小区，花友们还能相互交流种植经验，何乐而不为呢？最后，将改造协调小组商定了的方案呈报社区两委会及物业公司，经他们一致同意后，一场不大不小的绿化带翻种矛盾小风波就这样平息了。

正是因为小区改造协调小组的诞生与秦仁荣他们的无私、热情与智慧打动了越来越多的居民。据不完全统计，时值 2014 年 10 月底金沙小区综合改造工程开工，参与秦仁荣这支小区改造协调小组的热心志愿者人数已达 100 余人，这为金沙小区后续长达半年之久的综合改造工程顺利完成画下了浓墨重彩的一笔。试想一下，当小区里许多居民想把一件事做好的时候，还会怕任何阻力吗？还会怕做不好吗？这个时候大家的出发点都是一致的。

前文谈到了小区改造协调小组均由热心参与社区事务的居民群众组成，包括普通志愿者、小区业委会成员、楼组长、居民代表等群体代表，这些成员大多是刚退休不久，有时间又有精力的人。这个改造协调小组总人数仅为 9 人，由秦仁荣担任组长，下设副组长两名，成员 6 名。表面上看上去好像改造协调小组成员较少，甚至可能觉得做居民工作的话可能有点力量单薄，但事实并非如此。

作为秋霞社区治安保卫委员会的主任，秦仁荣与社区各专业委员会保持着良好的互动关系，甚至平时社区许多活动都是大家共同参与，可发动的群众力量自然不言而喻。而副组长陈彪，作为一名已经担任了多年的小区业委会成员，在小区居民代表中有着不可估量的威信，另外一名副组长张秀英则是秋霞社区土生土长的自家人，从十几年前的老村落拆迁至今，一直居住于此，人员熟络情况自然更得优势。

在金沙小区与金沙公寓两个小区改造期间，改造协调小组坚持天天发现问题，固定时间碰头，发动小区居民共同解决问题。小区旧改工程结束后，在社区居委会的有序组织下，改造协调小组针对社区环境卫生、小区安全建设等问题不定期开会讨论，在涉及诸如电子探头安装、小区门禁出入系统建设及楼道间粉刷等改造工程时，小区居民都会热心参与其中，久而久之，小区内许多居民都愿意和他们站在一个队伍里，心往一块儿想，劲往一处使！曾经的许多"敌人"都趴在了同一个"战壕"里，这个小区改造协调小组不是他们9个人在"战斗"，而是一群人在"战斗"，想想是多么温馨的一幕！

五 认同与归属——秋霞小区改造协调小组

在小区改造协调小组的影响下，由于平日里对小区正在发生或将要发生的事情大家总有不同的声音，所以QQ群、微信群等新媒体的互动便介入了居民生活，打破了秋霞社区居民之间原有的陌生与警惕，许多居民因为某些小区事宜的协商，从邻居变成了朋友，社区也逐渐有了旧时村落的人情味儿与温馨感。2015年，秋霞公寓小区内某号楼旁边需要竖立一根电线杆，印象中肯定会坚决提出反对意见，投反对票的居民竟道出了这样一句话："没事儿，都是为了大家更好，我家旁边树根电线杆子能方便更多的人。"其实，并不是大家的人格变得高尚伟大了，而是更多念及了邻里之情。

正是因为小区内的人员熟络起来了，社区内睦邻点们组织的活动也有越来越多的居民参与其中，各种社区组织活动为居民们进一步提供了交往和建立信任的机会。有一次，微信群里有人"吼"了一声"谁家有双面胶"，大家便一呼百应，又有人要借这借那，大家都自告奋勇拿出家中之物相借，不久，社区百宝箱的创意便又应运而生。其实社区中许多人和事，只要大家积极参与，自然就能水到渠成。

现在社区里很多人见面都会主动打招呼，有时候两三个人的谈话会招来进出小区的好几个人，居民们你一言我一语的家常扯得十分热闹。现在秋霞社区的社区工作者们最自豪的一件事就是：小区里面很多居民我们都认识。这句话的表面意思是与居民认识，而深层含义反映的是居民对社区的信任。

如今，秋霞社区日渐紧密的邻里关系不仅让住在社区内的居民更有归属感，也将每个人身后的资源调动了起来，很多人遇到的问题和困难，常常不出社区就能得到帮助。很多小区居民觉得以前的社区生活城市化色彩浓厚，走进了"几〇几"就算回到了家，社区的归属感相对都较低。但现在，由于小区改造协调小组的社区营造工作，居民们不仅认识了更多的朋友与邻居，也在很大程度上树立了公益的意识，大家意识到要相互体谅、相互帮助，积极参与社区建设，居民们比以前更懂得如何合理合规地维护自己的公共权益，谨慎地发出自己的声音。

在 2016 年 3 月的上海市老年卡申领事项和 2016 年 10 月的人大

换届选举中，很多居民主动参与到了社区的行政性事务工作。虽然社区面临着量大、事多的现象，但许多以往默默参与社区建设的志愿者都主动站了出来，无论是老年卡申领办理的高峰段还是人大换届选举的当天，志愿者们都努力维持秩序，配合着社区工作者的工作，极大程度上减轻了社区居委会的工作负担。对这些社区事务的参与只是一个侧面，在一定程度上，居民的这些变化给小区业委会、社区居委会和物业公司都施加了压力，同时也带去了更多动力，小区居民都开始愿意投身社区管理工作了，我们作为工作人员还有理由不认真干好吗？

六 改造小组的成长与扩大——从协调小组到议事苑

在社区硬件逐渐完善，小区各类改造事宜也逐步减少的情况下，如何更大程度上发挥小区改造协调小组的作用一直牵动着秦仁荣的心。他认为：秋霞社区虽然面积很大（总面积 10.88 万平方米），但是社区内的办公场所不到 200 平方米，由于辖区面积较广，办公面积又较小，各个小区又较为分散，故而存在居民与居民相互交流协商不便的情况。以往某些公共资源的投入经常会让小区与小区之间的居民产生隔阂，久而久之整体情况较差的小区建设工作方面发展较小，居民们对参与社区议事的热情很低，因此是否考虑将小区改造协调小组变成一个社区议事机构，承接更多社区议题进行协商讨论并解决。

正值 2017 年社区启动营造项目申报，此时秦仁荣的团队成员在与社区两委会商议后，决定申请社区营造资金，用于改造社区内长久以来一直被闲置未加利用的一个废旧车棚用作社区议事办公场所，并将原来的小区改造协调小组更名为秋霞议事苑，以便为社区居民提供更广泛的服务，以及议事说事的平台，工作内容为：议事苑推行以说事、议事、办事、查事为主要内容的工作流程。居民群众说事，由议事苑成员接待居民说事，收集整理群众的意见、建议，并进行分类。除了要反馈居民提出的意见和建议，协调小组内部每周要召开一次工作例会，七八人碰次头，有时十几人，仍然是这几方。会议主要内容是本阶段的工作总结、下阶段工作计划，协调各方信息。各方的代表不变，人员数量和具体的人有时会变动。验收非常重要，从施工到验收，协调小组和居委会都要参与其中。后来协调小组参与验收，验收前他们都已经找十多人在小区内考察，并将问题总结并列明细，让居委会打印出来，在最后验收会上由居委会提出，与施工方交涉。因为施工还是有不负责任的地方，有的小区施工时种的绿化到施工结束时便都死了，或者施工时损坏了，都要在后期由施工方返工。

集中议事，每个月定期召开会议，社区干部、居委会成员、居民代表、物业公司、社区其他工作人员等成员参与，把社区居民关心的重点、热点、难点问题进行集中讨论；及时办事，议事苑人员对社区居民反映的问题和提出的意见、建议共同协商解决，解决不了的上报有关部门，同时将处理结果及时反馈给居民。在此基础上由社区党总支定期、不定期对议事苑运作情况进行督查。而议事苑的真正意义，是让社区建设工作真正自治，变"替民做主"为"让民做主"，解决事关居民切身利益的重点问题，打通居民诉求与政府决策的"最后一公里"老大难问题，进一步调动小区大部分居民参与社区建设的积极性，进而让更多的社会矛盾真真正正地不出小区就能顺利解决，进一步加快和谐社区建设步伐。

幸运的是，秋霞议事苑的社区营造提案在上报街道自治办后，已顺利通过审核。

七　规章制度树新风——秋霞议事苑

这几次改造协调小组都发挥着重要的作用。嘉定镇的改造在 2009 年左右，该社区最早的改造在 2012 年。小区的门禁是在改造时做的。这个改造费用由业委会和政府共同承当。业委会从维修基金里承担一半的费用，政府承担另一半的费用，所以要经过三分之二的业主同意。小区门禁是小钱，但改造是大钱，也需要维修基金承担一半的费用。有的老小区没有这么多资金，政府便多垫一些费用，有的小区维修基金资金较多。但是这个资金是大问题，所以也涉及意见征询。但是小区很多人不关心维修基金，由于这里是嘉定公办最好的小区，是学区房区域，所以社区内的房子流动性大、升值快，流动人口等到孩子小学毕业就卖掉房子。

协调小组的成员主要是业委会的成员、居民代表、楼组长还有对改造很关注的志愿者们，他们对改造事务较了解，同时也是党员组长，这些志愿者主要以推荐为主。政府指定的施工方态度都特别好，他们执行的工作都是大家共同商量好的，所以他们都尽力配合工作，接活时也认识到小区的工作不好做。大家就事务进行共同协商时没有争吵，协调小组发挥着重要作用，针对居民就砍树、拓宽道路等提出的意见和建议，将其反馈给施工方和物业公司，小区的物业会对施工过程全程监督。

第一次尝试的时候，由于没经验，几方争执较多。主要有两件事，第一是小区绿化问题，由于施工时需要砍树，施工队伍反馈到居委会时，居委会说明已经下发过通告，征求大家意见。第一个改造好，渠道畅通了，后面再改就好。当时居委会与居民都不懂具体的情况，其实施工队伍只是将树木修剪，当双方争吵起来之后，由于前期缺少告知解释，如果再去解释，居民听不进去。第二是停车位问题，由于老小区面临停车位少、停车难的问题，做的时候又发现好事做不好，停车位面积难以扩大，需要砍绿化带、拓宽道路，群众也不同意，尤其是老小区居住的老龄人较多，他们没有停车的需求，所以他们不同意建设停车位。

因此，老人与其他群体的诉求在这里都要有所反映。社区改造需要做的工作面多、面广且复杂。如居委会旁边的 4 栋楼，老人们认为不能设停车位，但大家商议还是需要停车位，后来还是将位子加出来，还有错时停车（辖区内单位，下班有空位）。第一次没有协调小组时，施工方认为这是政府补贴做好事，一定不会有问题，做好事居民一定不会有问题。最后就绿化和停车问题却发生了几方之间最大的吵闹。后来由物业、施工方、居委会、居民等派代表组成临时的办公室，每天定点接待，公告公示之后，来这里的居民也少了，当时都是小问题。

协调小组扮演的角色，主要是开会和出主意，大部分和居民代表差别不大，但是协调小组掌握经费，具有一定的权威。协调小组同时也需要权力拥有者参与其中，验收单上需要业委会签字，因为其是全体业主的代表。每个小区都有业委会，一般由5个人组成，5人中有在职的、退休的，还有有管理岗位经验的人。协调小组内部的会议，一般由书记、主任和具有一定话语权的人参与，一般是工作例会，会议内容主要是这阶段的工作内容、工作总结、工作计划，每周开一次，大家集中在一起，有时候七八人，有时候十几个人。大家共同协调一下信息，层层分包，人员数量和具体的人会变动，但负责人大致不变。从施工到验收，居委会都要参与，验收非常重要。后来协调小组参与对绿化、公共设施等的验收（其实验收前他们都已经看到了，已经找了十几个人在小区内考察），并将问题总结并让居委会打印成纸质版，最后在验收会上由居委会提出。如有的橱窗已经损坏，就趁此次机会进行重修，还有如晾衣架在施工时被撞坏了，也可以不进行维修，而进行200元的现金赔偿。因为施工方还是有不够负责任的地方，有的小区施工时种的绿化都死了，或者施工时损坏了。第一次问题主要是没有畅通的渠道，沟通具有时间成本和信息折扣，问题问到居委会，居委会问到物业，物业问到施工方，这样对于问题就很难进行有效反馈了。对于居民迫切需要解决的问题，拖延时间或解决不了，因为很多施工较快，问题难以解决，大家便会吵闹。

第一次社区改造没有经验，没有意识到可能会出现问题，理所当然地认为这是政府为居民做的一件大好事，居民应该会支持。但在实施过程中，却遇到各种阻碍，其中一个便是绿化的问题，居民在工程实施过程中发现施工方破坏绿化，便向居委会反映，居委会认为施工方是按照计划施工的，前期已经下发过通知，征求大家意见，没有人提出异议，施工方案才能通过实施。由于前期缺少商议和告知，这样便造成居民与施工方、居委会之间的误会与矛盾。于是，在施工已经进行一半的情形下，才组成了协调小组，包括物业公司、施工方、居委会、居民四方，在居委会楼下成立临时的办公室，每天定点接待，居民有意见和建议及时反馈，遇到大问题进行公告通知，其实当时都是些小问题。

第二次改造另一个小区时，还未施工就成立小组。在小区里贴上告示，看居民意愿是否可行，但双方友好协商之后，最后并没有按照居民的要求来做。小组设接待，需要每天都有成员能够接待，这是工作的重要部分，小区不大，需要有六七个人进行接待。施工方原本也要搭建一个办公场所，后来都集中在社区里。负责监督的主要是物业公司的成员和专业委员会中改造小区的成员，挑选出来的居民主要是男性和了解建设事务的"小老人"。知道小区搞建设的、到协调小组的人，能看到有居民、物业等；有的不知道，便来到居委会，居委会便让他到协调小组，如果他不去，社工进行协调。协调小组能沟通、畅通社情民意，现场就能回应，多数是居民回应，这样争吵就不容易产生。居民有的要接受居民的回应，有的愿意接受居委会回应的建设专业问题。居民反馈的信息，基本都能当场解决，有些问题需要到现场了解情况，最后基本都能解决；而对于大问题，只是一两个人提出，就会涉及很多人，这样的情况就需要召开相关居民大会，如外墙粉刷，要这栋楼所有业主开会，三分之二同意才能通过，因为有一栋楼没有达到这一比例，这一栋在改造中便没有粉刷外墙。协调小组在后面两次的改造中发挥了很大的作用，改造方案能反映居民的多种诉求，很多问题都能得到及时的沟通与解决，而不会产生误解，因此2013年和2015年的改造工程都非常顺利。

协调小组不涉及钱的问题，在之前便会做意见征询，业委会花销大都在平常的事务上，而改造的费用都是在前期就把预算制订好。汽车进入要收费，收费归属应该由业委会来管理。前提是老小区，停车位是由公共面积开拓，因此是归业委会管理。平时在社区建设中，业委会把关较严格，有的业委会主任是公务员背景，花钱较谨慎，如小区需要绿化维修，他可能会不同意，还要开会，但有的业委会主任比较大方，只要居民同意就好。这些事主要由他们负责管理。如该小区停车费是100元/月，或1000元/年，周边小区大都相差不大，2012年（含）前有指导价，但2013年后开放了，小区内停车费大幅上涨，政府也难以管制。

老秦与他的团队伙伴们一致认为以往并没有制定任何规章制度的小区，通过协调改造建设后，秋霞议事苑一定要制定议事制度，于是在社区两委会及居民代表的共同参与下，秋霞议事苑的议事协商制度落地了。秋霞议事苑议事协商制度如下。

（1）秋霞议事苑是社区的议事、协商和协调机构，是社区居委会扩大民主参与，及时了解和掌握居民的需求和呼声，共同商讨解决涉及社区居民利益的事项，实现社区民主管理的重要会议制度。

（2）秋霞议事苑成员由社区党总支、社区居委会、居民代表在广泛征求社区居民意见的基础上，由社区居民代表会议推选产生，一般在19人左右，根据实际情况，可以适当增加或减少。

（3）秋霞议事苑商讨问题，应当充分发扬民主，通过深入讨论，按少数服从多数的原则做出决议，做出的决议不得与宪法、法律、法规和国家的政策相抵触。对涉及社区全体居民利益的重要问题，形成建议案提交社区居民代表会议表决。

（4）秋霞议事苑应就本社区的政务、事务、财务、服务等工作，定期召开民主议事会，集中征求各方面的意见和建议，范围主要有社区正在开展的有关工作情况，收集社情民意和居民的需求，研究讨论社区建设的有关工作目标及计划方案，商讨社区建设中的薄弱环节、存在问题及解决办法，商讨涉及居民利益的其他有关事项等。

（5）秋霞议事苑会议的召开要有明确的议题。议题的确定主要围绕居民普遍关心的热点、难点问题，关系群众切身利益、社区建设及阶段性工作目标的有关问题来确定。每次会议议题以1个为宜。

（6）秋霞议事苑在确定议题前，应对确定的议题深入细致地进行研究，并提出初步解决的方案。

（7）秋霞议事苑在议题确定后，应当在会议召开前2~3天，把确定的议题发到议事会成员手中，以便征求居民和有关方面的意见。

（8）秋霞议事苑会议的召开，由议事苑成员负责召集，社区居委会主任或社区党总支书记主持。

（9）秋霞议事苑议事会议每月至少召开1次，特殊情况下，根据工作需要可随时召开。

（10）召开会议前的2~3天，将会议的时间、地点通知社区民主议事会议成员，并在社区居务公开栏内对会议召开的时间、地点、主要内容进行公示。

（11）秋霞议事苑召开议事会议必须有半数以上的成员出席方可举行。对确定议题的决议，出席人的过半数意见一致，方可有效。

（12）在召开议事苑议事会议时，社区居委会应做好会议记录。

（13）社区居委会对秋霞议事苑议事会议成员提出的有关问题要给予负责的答复。

（14）社区居委会对秋霞议事苑议事会议成员提出的意见和建议，应认真对待，积极采纳。

（15）建立社区民主议事会议档案。主要内容有秋霞议事苑成员的基本情况、会议记录、商讨事项的办理情况等。

"自从装了监控探头，放心多了。"金沙小区的陆永娟把电瓶车稳稳地停在了小区的防盗停车棚内。经历几次电瓶车被偷、电瓶被损坏又找不到作案者之后，很多的居民对于小区物业管理产生了诸多怨言。小区居民最终群策群议自发集资8000元，争取上级政府平安办政策补助6万元，安装6个电子探头、4扇停车棚防盗电子门，实现小区停车棚周围探头全覆盖。从怨声载道到自发协商解决，秋霞议事苑在其中积极发挥着协商作用，真正地为小区居民出谋划策，让大家走到一起，共同出力，共同解决问题。

长期以来，广大居民通过居民会议或居民代表会议，依法行使权利，充分表达意愿和诉求。但现行的《城市居民委员会组织法》于1990年1月1日起实行，很多条款规定过于宏观笼统，缺乏可操作性，尤其对于社区内部分小区出现的各类矛盾和问题如何进行民主协商缺少相关的制度规定，无法有效指导基层工作的开展。同时，随着城市的发展、农村的变迁等，社区内人员流动性越来越大，人户分离现象普遍存在，居民对社区的认同感和归属感不强，大大增加了现今社区治理的难度。

如何通过创新制度，搭建起社区与居民沟通的平台，让居民更广泛、更便捷地参与到社区事务中，凝聚起共同推进社区发展的共识与合力，成了新形势下社区治理的一大考验。正是秦仁荣他们推行的秋霞议事苑搭建了社区居民协商新平台，对于部分居民反映的尚不需要提交居民代表会议的事项，如物业管理、社区治安、公共卫生、小区设施建设以及邻里纠纷、楼道环境等，能当场解决的约请当事人面对面协调解决，不能当场解决的召开议事会议协商解决，真正让居民自己替自己"做主"，逐步增强了小区居民的自主意识。

自从秋霞议事苑成立以后，居民自我管理和发声的渠道增加了，参与社区治理协商的积极性也提高了。同时，议事苑能够监督社区服务工作，督促社区解决他们在议事会上提出的问题。正如秋霞公寓的一位居民所说："以前主要是社区居委会管理，虽然也是自治，但是有种行政管理的味道在里面，天天见不到居委会的人。现在的社区事务是通过群众自我管理、共同议事解决的，这种自下而上的办事方式，让我们更有自主感和满足感。"

"小区管理工作琐碎复杂，涉及居民生活的方方面面，有些事项仅靠一个居委会的社工或几个社区志愿者的力量是无法解决的，这就需要调动社区内的各种资源或者依靠上级协调相关部门配合才能解决。秋霞议事苑这一社区协商平台，既能调动小区居民的主观能动性，又能整合外界多种资源，就是要提高居民自治效率和社区服务水平。"秦仁荣一直是这样向小区居民们介绍的。

社区里的居民是社区的主体，社区的建设因之居民、依靠居民。社区作为社会的细胞，是政府沟通基层社会的中介和桥梁，只有在社区实行居民自治，保障居民们行使自己的话语权才能反映大多数居民的意愿，达到民心顺畅，从而形成社区内真正的和谐。秦仁荣和他的伙伴们的社区故事一直在继续着，说他是社区领袖，其实也不过分。从最初的小区改造协调小组转换到如今的秋霞议事苑，我们都知道，变的只是名字，不变的却是秦荣仁一颗始终为社区热忱付出的心。总有一天，他会力不从心，但是社区内无数的邻里总有人接他的棒，秋霞社区的发展之路相信会越走越顺、越走越好！

老龄专委会
——嘉富社区

"嘉富"有嘉定富饶，家庭富裕，生活丰富之意。

儿女奔波在外，"出门一把锁，进门一盏灯"。四季多变、冷暖无常是许多老人晚年生活的真实写照，而在他们的生命中，有珍惜的人，珍惜的日子，心底总有一些往日情怀，而今他们面对的却是四面墙与孤单的身影……

一 嘉富社区介绍

嘉富社区地处嘉定区菊园新区环城路北侧，是20世纪90年代初建造的老住宅区，由嘉富小区（嘉富坊、嘉仁坊、嘉寿坊）、嘉宁坊小区、永峰新苑小区三个自然小区组成，辖区面积10万多平方米，建筑面积17万平方米。嘉富社区是老旧小区，其中菊园最早成立居委会，居民的人数、户数在菊园新区最多。三个小区均是老小区，并且物业费为全上海最低，为0.45元/平方米。社区内有三个业主委员会和三个物业公司。社区现有 166 个楼组，居民 1966 户，常住人口 5700 余人，其中 60 岁以上的居民 1185 人，占到了社区总人口的 20% 以上，是较典型的老龄化社区。

社区面临一些棘手的问题，如综合改造、平改坡等，这单单靠一方的力量难以解决。2009 年 4 月，社区社工、物业公司、业主委员会三方的力量充分调动起来。首先，将社工尤其是副职的积极性带动起来，将三个物业公司的管理对接，跟三个业主委员会建立良好的沟通协调关系，各司其职。业委会代表业主，有限的钱用到业主身上。物业公司需要资金支持，业主委员会来筹集资金。党组织总揽全局。平时碰到问题，分工不分家，居民反映问题通过业委会、物业、居委会三方任何一方均可。其次，每月 5 日左右开三方联席会议，共同商讨社区面临的问题，并且分清共性问题和个性问题，居委会领导各司其职。例如老小区防盗门生锈，按照物权法，需要业委会来出资维修，物业公司去找三家以上的维修单位来考察，由业委会来审核、考察实际情况，最后开会决定维修单位。上级支持符合条件的社区党组织和居委会成员被选入业委会成员，但必须是业主。党组织严把业委会的人员人选，有的过分热心参与业委会的人，对他的目的应抱有怀疑，因为市区里业委会资金庞大。业委会成员 5~9 人，每个人的津贴 1000 元 / 月。

2010 年，社区与业务人员沟通协调较好。起初居委会只有 5 个人，两三个协管员，组织行动过于仓促且效果不佳。后来，为了社区事务的共同解决，需要调动社区居民的积极性，发动居民参与自治，社区事务放手让百姓自己做。社区自治就是放手，但同时也要积极发掘社区人才，将社区能人放到合适的位置上。上海迎世博有 23 个自治家园，自治家园是允许国内外游客前来参观的，而嘉定镇桃园社区是其中之一。

社区管理试图从单向到双向，嘉定区的居委会不缺资金，实施双向发展。同时注重资源共享，嘉定北站有一个居委会，区域内居委会可以去参观，同时共建单位需要志愿者，居委会可以发动志愿者，中心医院有两次专家门诊，志愿可以去导医，幼儿园也需要志愿者，需要做爱心妈妈与看护。

随着社会的发展，老龄化问题在社区中不断显现，老年人的养老逐渐成为民生事业与朝阳产业，不断完善养老社会保障体系、老年医疗卫生服务体系，健全社会养老服务体系，创建适老宜居的社区环境。嘉富社区在各级养老服务政策规划的推动和支持下，把老年服务作为工作的重点。2010 年成立老龄工作委员会，2014 年引入呼叫救助服务平台，2015 年实施家庭医生管理，2016 年设立菊园新区老年人日间照料中心嘉富分中心，2016 年成立嘉富社区幸福街坊助老服务社。嘉富社区在社区老年人的生活照料、家政服务、康复护理和精神慰藉等方面都做了相关的探索与实践，同时鼓励老年人积极参与社会事务。在老年人精神文化需求上，嘉富社区坚持把老年的文化生活作为重点项目，推出了"嘉富生日会""嘉富读书会"等服务。在未来的几年内，嘉富社区将继续不断发展社区内老年人的文教体娱项目，致力于丰富老年人文化生活，并完善老年人精神生活，推进社区老年人生活健康发展。

自成立社区居委会以来，嘉富社区积极加强基层党组织建设和精神文明创建等工作，先后荣获上海市文明小区（目前是市文明小区三连冠）、全国和谐社区建设示范居委会、市平安小区、市民主法治小区、区创先争优"五好"基层党组织等 20 多项荣誉称号。

二 社区需求——养老

老龄专委会主要提供养老助老活动，辅助老年人度过一个有质量的晚年生活。

老龄专委会活动日常规范，通常 6 个老伙伴结对 30 个高龄老人。张亚芳是本小区的负责人，她也是老伙伴互助队长，这一项目原本是由政府与老龄办共同负责。低龄老人服务高龄老人，规定打几次电话、配药等。嘉富社区每个社区有 30 户老人，志愿者开会讨论决定，要为受益老人开暖心联谊会，并计划在老茶坊举办。

嘉富社区是一个老龄化严重的老旧小区，存在诸多老龄问题。经调查发现，社区内对养老存在以下几个问题。

1. 养老观念意识淡薄

此处所说的观念意识淡薄主要表现在老年人和养老服务管理部门两个方面。一方面，居民对社区居家养老的概念和意识较薄弱，社区居家养老观念尚未在嘉富社区普及，宣传力度不够，并没有得到社区居民的认同与接受。另一方面，养老管理服务部门对自身职能认识不清，没有意识到当前国家已经步入老龄化社会的社会形势以及完善社区养老服务工作的重要性，养老服务意识和态度有待提高。

2. 社区居家养老服务站基础设施不够完善

嘉富社区在菊园新区是个老旧社区，基础设施比较落后，社区不能提供专门的场地以满足居家养老服务工作之需。在硬件设施中不能满足老年人的各种需求。社区只能在原有的基础上，改造部分社区用房，成立了兼容式的社区居家养老服务站，但是养老工作机构尚未形成一定的规模，基础设施不完善，主要体现在以下三个方面：首先，老年服务设施设计不合理，适用性较差；其次，服务设施不够齐全，无法满足老年人需求；最后，基础设施较差，配备较单一。

3. 社区养老服务专业化水平低，服务内容单一

现社区居家养老服务站无专职服务人员，也因服务人员缺乏经验，不能充分、长效发挥助老作用。主要表现在以下几个方面：第一，志愿者服务人员文化水平普遍偏低，缺乏专业的知识和技能；第二，上述人员在工作中缺乏系统性和连续性；第三，专业化的服务项目较少，心理咨询、临终关怀、老年人急需的生活照料等专业化养老服务难以展开。

4. 资金有限，难以提供可持续的社区养老服务资金支持

从目前的实际情况看，嘉富社区虽然依靠上级部门的投入，开展了针对老年人的一系列服务，但是因管理资金来源有限，社区又没有经济来源为居家养老服务站继续注入资金，后续服务受到制约。在新区层面，政府部门为高龄、特困、低保等老人每月提供一些服务，虽

然解决了一部分老人的困难；但若要在社区层面为全社区的老年人群体提供服务，这些资金是杯水车薪。

由此可见，社区养老在现今社区中有一定的必要性和重要性。主要表现如下。

1. 必要性

（1）社区养老是指政府和社会力量依托社区，为居家的老年人提供生活照料、家政服务、康复护理和精神慰藉等服务的一种社区服务形式。它是对传统家庭养老模式的补充与更新，是我国发展社区服务、建立养老服务体系的一项重要内容。在推进养老服务社会化的过程中，国家从出台政策、建立机构、明确任务入手，大力推进居家养老，确立了居家养老在养老服务体系中的基础性地位。

（2）养老服务社会化工作是一项系统工程。一方面离不开政府的重视与支持，使养老服务社会化工作强势推进、蓬勃开展。另一方面，在当前形势下，社区养老服务迫切需要发动基层骨干力量，组织建立一批基层团队与老年人之间架起社区养老服务的桥梁，充分挖掘基层骨干服务力量，鼓励他们积极参与社区养老服务社会化工作，由此调动全社会的力量推动社区养老服务的发展。

2. 重要性

（1）社区是社会与家庭的中间纽带，老年人居住在社区、生活在社区，社区就是他们长期生活的场所。养老推行居家养老、就地养老，对于老年人的身心与生活具有重要的意义。在推进养老服务社会化的进程中，通过建设和整合社区服务设施、培育发展社区养老服务中介组织、建立社区养老服务信息平台等，提升社区养老服务的能力和水平。同时加强社区服务网络建设，对于改善老年人居家养老的支持环境具有重要意义。

（2）社区居家养老作为一种社会养老模式，能充分利用和整合社区内各种服务平台，为有生活照料需求的老年人提供专业化的优质服务，一旦实验成功，它的示范效应是不可估量的，它将产生极大的社会效益。

在了解问题，分析重要性和必要性后，确立老人的主要需求。

1. 不同层次，需求分类

针对老年人的实际需求，才能因地制宜、科学布局、合理高效地为老年人提供居家养老服务。因家庭经济水平、身体健康状况、兴趣爱好、个性特质等不同，对养老服务的需求呈现多样化态势，幸福街坊助老服务社根据老年人的需求程度、需求规模、需求层次提供更加人性化的服务。

2. 社会支持比较匮乏

独居老人在遇到困难和心理问题时，所获得的社会支持相对较少，除固定的养老院和老年人活动中心外，社区居家养老服务在新区基层社区还是一片空白，真正意义上的由社会组织参与的社区居家养老机制尚未形成。调查发现独居老人生活的支持主要还是靠自己，其中家人及朋友的支持占较高的比例，而居委会、政府及社会组织给予的支持仅限于特殊对象。

3. 日常照料、就餐不便

老年人日常的生活起居、居家用餐、生活卫生等问题在老年人需求中占很大比重。在嘉富社区中，有将近 30 户的独居老人，他们的日常照料和就餐需求就显得尤为突出。在调查中发现，每天的早中晚三餐都是老人自己简单解决。有时因为行动不便，无法外出买菜或是无法自己做饭，又不愿打扰自己的子女，老人们默默地独自承受。这对老年人的身体健康、生活质量并无益处，长此以往，会引发更多的身心问题。

4. 看病困难，无处就医

看病难一直是老年群体面临的最大问题，许多老年人由于身体不便，难以承受在大医院排队挂号等候的就医过程，但是对于小医院就医又不放心。一些独居空巢老人生活孤独寂寞，加之年老体弱、免疫力衰微、抵抗力下降，生病越发成为常态。但由于经济拮据、行动不便、外出困难，一般难以得到科学诊断与系统治疗。于是他们对于病痛常常隐忍着，可谓能忍则忍、可拖则拖。长此以往，致使病症在不知不觉中越来越严重、越拖越可怕。老年人科学合理就医成为老年人普遍的生活需求。

嘉富社区在分析和调查后，对于社区老年人的基本情况和需求有了初步的了解，对于社区养老服务逐步有了想法和方向。2016年，因为一个契机，嘉富社区着手幸福老来乐助老服务项目的开启之路。

"人生就像蜡烛一样，从顶端燃到底端，应该一直亮着的。"嘉富社区 55 号有个楼组长，她热心公益，支持社区工作，从退休以后就积极加入社区志愿者队伍中，十余年来全心全意地为小区居民无私服务。她天生就爱"管闲事"，"喂，楼上的人家快收衣服了，天要下雨了！""唉，谁家的孩子爬在阳台的窗户上，家长快点看看，这样不安全的！"老远都能听到崇明口音的大嗓门。她是一名楼组长，是一名优秀的共产党员，她叫张亚芳，一位地地道道的崇明人，所以大家都亲切地叫她"崇明阿姨"。

"崇明阿姨"住在五楼，每次上楼下楼都会随手捡起楼梯上的垃圾。有一天下楼时，她突然闻到一股煤气味，由于气味弥漫了整个楼道，无法判断是谁家漏气，于是她从六楼开始挨家挨户敲门，把鼻子贴到门缝上闻，终于找到了是从301室冒出来的煤气味。因为301室住着一位独居老人，她一下子神经就紧绷了，她又是敲门又是呼救，又往居委会打电话，让居委会联系老人的家人，居委社工给老人的儿子打电话，但是一直没有人接。就在无法联系家人的情况下，302室的户主听到门外的嘈杂声，开门看到张阿姨，说："今天早上看到老人的子女把老人接走了，目前应该不在家。"一听老人不在家，"崇明阿姨"长长地舒了口气。居委会社工也在此时赶到，并请来了物业人员及时处理这一紧急事件，物业人员破门后发现原来老人出门时把东西煮在煤气灶上没有关火就走了，溢出来的水把煤气灶浇灭了。由于张阿姨发现及时，避免了一场火灾的发生。

经过这件事，让社工和"崇明阿姨"萌发了一个想法，老龄化日益加剧的今天，社区老年人，特别是空巢、独居、失独老人的生活安全得不到有效的保障，社区是不是应该开始做些什么呢？于是幸福老来乐助老项目就这样诞生了。

三 社区能人

政治能人高建国做工作的一个重要理念是要在现有的法律框架体系内开展工作，否则便没有生命力，而且可能跑偏。这种理念是嘉定镇街道桃园社区的一位退休的书记传给他的经验，而他又认为虽然这位老师的经验重要，但也不能太僵化死板，还有许多变通的空间。社区中专业委员会的建设便是在这种思路下开展的，成为一个工作的一个典范。因为在关于基层（村委会和居委会）的自治法中，有关于专业委员会的相关论述，认为这是居民实现自治的一种重要方式，只是在原有的政治和行政的理念中，这种专业委员会得不到落实或空有虚名，现在他做的工作只是将自治法的本义体现出来。

有了幸福老来乐助老项目的初期想法，那要如何去落实呢？因为那场未发生的火灾，原本热心肠的"崇明阿姨"就认识了这位独居老人，隔三差五地去看看老人，因为觉得这事儿有意义，就叫上了自己的好姐妹彭阿姨。一开始"崇明阿姨"和彭阿姨只是上门陪陪老人，聊聊天。之后两人就开始谋划着怎么给自己楼道的独居老人带去更多的温暖和关怀。她们俩一同上门，陪老人聊天、唠家常，给老人干些家务活儿，渐渐地和老人建立了良好的信任关系，老人和子女的电话号码都保存了，楼道的独居老人像是有了一个专属的守护天使，每天都笑嘻嘻的，也更愿意走出家门到社区里走动了，经过社区居委的时候也会和社工聊起他们的改变。

这一自发的志愿活动，一下子就传开了，同时让社工和"崇明阿姨"茅塞顿开，如果幸福老来乐助老项目可以建立多个结对服务，是否可以让更多的独居老人受益？社工找到"崇明阿姨"和彭阿姨，商讨把这个的结对服务做大做实，让更多的老人享受并获益。就这样，在社区的宣传栏、电子屏、网站、微信等媒介开始了前期的招募，大家满心欢喜等待着新成员的加入。可是第一天，没有一个人来，第二天依旧没有人出现，"如果没人来，这件事就黄了"。"崇明阿姨"忧心忡忡，等到第三天的时候，事情出现了转机——社区骨干奚阿姨"找上门"来了。"你们说的那个助老项目，不然我也参加参加。"奚阿姨一句话，让大家重新燃起了信心。

奚阿姨是社区中的活跃分子，社区日常的环境卫生、文艺会演总是有她的身影，而她身边也总是围绕着这样一群阿姨，平日里在社区中她们就是一道靓丽的风景线。有了奚阿姨的加入，更多的志愿者加入了幸福老来乐助老群体中，前后招募了六位志愿者，并组建了助老QQ群与微信群。组织成员时常在一起商量助老的具体行动方案，例如，应该给老人带来什么样的服务，应该给老人什么帮助，应该学点什么等，而原本受益的老人也由原来的2人增加到30人，就此形成了"一对五"的服务模式。

助老服务项目是社区养老的一件好事，这支队伍的建设在社区中传开了，相邻居委会也了解到嘉富社区的幸福老来乐助老项目，纷纷加入团队中。就这样一传十十传百，在短短几个月的时间里，就有九个社区加入了为老人服务的行列中，形成了60位低龄志愿者与300位高龄老人的结对服务，也就是"老伙伴"计划的来源，助老项目让更多的老年人享受社会的温暖。

幸福老来乐助老项目初具雏形，这个团队该如何运作，核心成员是否确定？一系列的组织问题又出现了。

九大社区、"老伙伴"计划，幸福老来乐助老项目，这三个关键词不停地环绕在"崇明阿姨"脑海中。"崇明阿姨"提出："一定要有一个核心联络员，可以联络各个社区，方便统筹管理。"社工则上网查询一些相关项目的具体流程，双管齐下，落实幸福老来乐助老项目的实施。在各个社区的推荐下，找到了嘉邦社区的李月娣医生作为核心成员，考虑到李医生本身文化水平较高，且懂得一些基本医学常识，同时也是社区中的积极分子，和各个社区本身联系相对密切，综合以上的条件，成员们商量决定，由李月娣医生作为幸福老来乐助老项目的核心联络员。同时，针对九大社区的具体情况，选出各个社区中志愿者的组长，传达和安排志愿服务活动，并做好相关的记录。有了核心联络员，那么核心领导者、决策人由谁担任呢？

本着民主、公正、公平的原则，召集各社区的志愿者，由大家民主投票选举，选定嘉富社区的社工罗晓华作为幸福老来乐助老项目的领导者，嘉富老龄骨干王玉珍为社区谋划人。由于王阿姨曾经担任嘉富社区老龄委主任多年，对于为老服务方面积累了丰富的经验，而且王阿姨追求创新，对于组织发展与建设有许多与时俱进的想法，能够促进团队的发展。通过团队的共同努力，幸福老来乐助老项目的整体框架初具雏形，形成一个社工、一个谋划人、一个核心联络员、九个志愿组长、60位低龄老人、300位高龄老人的团队。

四　聚集过程——齐心协力吸纳能人

幸福老来乐助老项目中，较有特色是老龄专委会。从 2014 年 5 月开始为社区老年人举办生日会，让老龄社工统计社区 70 岁以上老年人数，对基本情况做一个统计，同时对老年人生日会做一个活动预算，希望生日会能够在有限的资金里做到惠及面广，希望老龄社工多加考虑。同时将问题与老龄委员会共同协商讨论，老龄委员会一致同意后老年人生日会便形成。老龄委主任工作认真负责，老龄委员会主要是制定活动时间、地点、成员分工和场地布置，从下月开始，且固定时间为每个月第一个周五的上午十点，生日会根据老人的实际情况和参与的人数进行合理的安排，如人数多的时候如何举办，人数少的时候如何举办。同时老年生日会活动内容主要是给老人一碗长寿面、一份大蛋糕，如遇见有病的老人，各个小区的老龄委主任会将长寿面和蛋糕亲自送到老人家里。如遇到重大的节日，则结合节日和生日会共同举办，10 月份过生日的老人多，于是生活会不能放在工作日，需要将活动定在双休日，在菊园文化中心举办，同时需要文体委表演，生活会可以将老人的子女动员参与其中，共同庆祝老人的生日会。

起初组织成员 7 人，大部分是退休人员，来自群众骨干、楼组长。其中奚桂英群众基础扎实，周围人脉多，大都是从小在农村一起长大的玩伴，大都在一个社区居住。她大概有 15 个姐妹，原本她就做老龄工作，与居民沟通交流多。张燕秋作为社区兼职委员，能歌善舞，为老人服务需要提供歌舞才会有欢乐，助老队伍需要她。周正勤是一位已退休的中医，是中医医院的专家，现每周一坐诊，她有开处方权利，开药方便。唐力家是科大中医教师。龚振兴师傅是男性，助老项目搭配一个男生，外出日常采购较为方便。内务总监屠月妹是退休人员，主要负责在每月生日会的前一周给老人打电话，通知老人参加生日会。现在组织团队有9人，唐力家、龚振兴是增补的。

居委会主要负责挖掘社区能人，发动他们参与其中，为社区养老贡献一份力量。通过动员并征求个人的意愿，最后在居代会上讨论，当场撰写并颁发聘书，每个人也会认真对待，这既是一份荣誉，也是一份责任，做的时候有荣誉感、信任感（居委会委托给我们，这是信任）、责任感、成就感。

专委会共7人，1个主任、2个副主任、1个秘书长、3个委员．一个小区一个委员，便于老龄群体信息联系。副主任奚桂英、张燕秋，委员张雅芳、令会娥、王玉珍、金凤娥、唐力家、龚师傅、周正勤。

五　属于我们的约定——幸福老来乐助老项目

在幸福老来乐助老项目的日常运作中，成员们相互建立了一种默契，一种认同感，并达成了约定。

第一，要重视激励。多激励、少批评，要树立榜样成员，同时激励要及时；同时要制定行之有效的奖罚政策和激励方案，激励方案应有保障且保持稳定。

第二，要重视培训。积极举办各式各样的健康培训、日常生活常识培训、心灵慰藉培训等。

第三，重视表率作用。各组长、核心成员要身体力行，起模范带头作用，提倡"吃亏是福"，但也应保证"绝不让吃亏的人真正吃亏"。

第四，应重视监督。对不良行为和思想，每个组织成员都有责任随时随地予以提醒和纠正。

第五，重视反馈。充分重视各级成员的意见和建议，迅速协助解决成员的问题，多提建议多思考，寻找不同的创新途径。

第六，重视归属。团队是我家，进步靠大家，营造"又快乐又健康"的社区氛围。

第七，重视发展。"心有多大、舞台就有多大"，各成员可以拓宽思路，各自寻找不同的方案与点子，持续不断地发展。

六　规章制度促发展——老龄专委会

老龄专委会其中的委员和主任是居民，没有社区的社工参与其中，而且不是某一个具体群团组织，而是有很多相关群团组织的负责人，对本社区中的相关事务进行规划引导，起到组织领导的作用。这个团队便是居民自治的雏形，他们自己制定组织团队规则以及管理者规范，委员会是将社区闲散的人才聚合起来，指导管理社区文体组织。2013年开始，为专委会设立资金，每个委员会年初要出规划、造预算，年终做总结，有一个会计对专委会的资金进行管理，九大专委会中有社区监督委员会，对其他专委会的资金进行审计监督，所有的资金要有预算，资金使用需要开会并会议记录。

1001 弄 19 号 501 室的李明珠老师，曾是一位多才多艺的教师，但因为年轻时用眼过度，导致双目失明。在幸福老来乐助老项目的推动下，李老师找到了结对的志愿者，志愿者按照李老师的日常需求，给她提供生活照料，包括买菜、烧饭、洗晒等，并定期带领李老师前往社区卫生服务中心进行体检等。李老师对社区的这项助老项目表示大力支持，并在获益一年后，给社区送上了锦旗，"对党工作一丝不苟 对弱势群倍加关怀"，淳朴的文字蕴含浓浓的情谊。因为志愿者有条不紊的服务方式，幸福老来乐项目制定了一套组织服务制定、会议制度、工作制定、学习制定等。在幸福老来乐助老项目不断进入正轨的过程中，结合实际日常工作和实际操作后，针对服务社情况制定了一系列相关的制度。

1. 会议制度

（1）各会议均须记录并在考勤表内签到，均做好记录。

（2）每次召开常规例会时，各部门成员均须参加。会议内容与主题应做到求同存异，努力建立集体主义氛围。

（3）无正当理由不到会者，视为无故缺席，累计满 3 次者，记录在案，并给予警告。

（4）如因故实在不能到会者，必须提前一天或当天向负责人及所属主要负责人说明缘由；但次数超过 3 次者，给予适当的惩罚。

（5）与会者迟到 15 分钟，视其无故缺席，但允许事后（在 1 天之内）向主要负责人说明缘由。

（6）无特殊情况，会议时间不得超过 1.5 小时。

（7）会议记录需要及时记录并存档。

2. 工作制度

（1）日常工作由负责人统筹安排，由负责人协调各部长落实工作。

（2）认真负责本职工作，必须严格履行本职的权利和义务。

（3）严格执行负责人负责制：每项重大活动直接由负责人与外联部、宣传部策划，由负责人统筹安排，活动结束后并向其汇报。

（4）若有其他原因，实际工作者必须向负责人和部门负责人向申请，经同意后方能进行。

（5）各部门负责人不得无故（无正当理由）推卸工作责任，若有给予警告。若组织集体活动不参加达 3 次以上（含 3 次）者，青协将其除名（第 2 次警告）。

3. 奖惩制度

（1）志愿者必须按时参加志愿者服务队组织、提供的培训及各项服务工作，无故 2 次迟到或 1 次不到者，批评警告 1 次，取消年度评优资格；无故 3 次迟到或 2 次不到者，按自动退出志愿者服务队处理。

（2）奖励：每次活动未出现缺勤现象的，工作认真积极表现者，优先考虑评优资格，对在服务队活动中表现突出的队员，报志愿者服务活动领导小组，授予相应的荣誉称号或通报表扬；取得评优资格者，给予一定的物质奖励和通报表扬。

4. 例会制度

（1）每月召开一次全体志愿者会议，必要时可临时召开。

（2）会议由主要负责人主持，传达支队指示、决议，讨论决定志愿者服务队的重大问题；总结、布置、安排志愿者服务队的工作。

（3）严格遵守会议纪律，维持会场秩序，积极发言，认真做好会议记录。

（4）服务队全体会议遵循民主集中制原则，表决时少数服从多数，个人服从组织。

5. 学习制度

（1）全体志愿者原则上每月集中组织学习 1 次，全年不少于 12 次。

（2）学习由志愿者服务队队长组织，传达上级部门的指示，学习志愿者的相关知识、其他单位或者部门的志愿者活动开展经验，以及提高志愿者综合素质的相关知识。

（3）支队为每名服务队队员配发专门学习记录本，用于志愿服务学习记录和撰写心得体会。

（4）志愿者之间要加强工作、生活、活动中的学习交流，从而达到共同进步、共同提高的目的。

6. 考勤制度

（1）在参加服务队组织的志愿活动以及志愿者服务队统一组织的例会、学习、活动中，志愿者原则上不允许请假。如果必须请假者，须履行书面请假手续。特殊情况则必须告知主要负责人并请示组长，事后补写请假条，并及时了解学习内容、会议要求或活动情况。

（2）有事请假者，必须持有假条，由组长或副组长签字认可。

（3）全体志愿者参加的活动考勤由志愿者服务队长记录存档，并作为奖惩先进的考核项目。

7. 活动制度

（1）服务队全体志愿者，应有组织、有纪律地开展活动，发扬"关爱他人、关爱社会、关爱自然"的活动宗旨。

（2）服务队全体志愿者应服从活动领导小组的统一调遣，自觉服从志愿者队伍的指示，确保志愿者队伍活动准时、高效、有序地完成。

（3）各位志愿者也可结合自身条件，发挥个人专长，积极主动地走向社会联系一些有保障性、有意义的活动。

七　老龄专委会的成长扩大——老龄专委变民非

今年社区刚刚成立了社区社会组织，属于民非组织，在嘉定区注册成功。注册资本由菊园社会组织服务中心出资，现在鼓励社区自组织符合条件的规范注册，注册资金1万元。上海社会组织发展相较于广州深圳晚了一些，发展势头较江浙慢了一些。社会组织承接政府的项目，政府希望社区来做。社区社会组织，上级鼓励社区办1~3个，将社区组织符合条件、成熟、实体化运作。从去年上半年开始运作，将比较成熟的老龄委注册社会组织。社会组织服务中心培育孵化，由专业的社会组织专业辅导，服务中心来指导。

老龄委委员主要是理事与监事，现在机构五个理事，五个监事。

有一个老龄委一个在理事，一个在监事，有新区老龄办主任，一个是社区社会组织中心，一个是民政办的人，还有复源事务所的人，体制内的业务主管，社区副书记是法人代表，一个社工是监事长。

机构主要是养老服务项目，如日间照料、开展活动、关怀，暂时还没有医疗护理，社区可以适当挖掘医疗护理方面的志愿者。机构设有周一免费专家门诊、家庭医生、慢性病的辅导治疗等，提供的服务无法达到像敬老院的医护和床位的标准，还是居家，方案中有一句"不出围墙的养老院"，是社区养老，不是家庭养老，生活服务圈是对能够走出来的人，能够走得动的。居家养老宽泛地讲，也要走出来，日常生活需要的东西怎么办，十分钟生活圈，最后一公里，就近享受生活，现在利用这些业态调整，能规范化经营，整合淘汰。

社区养老，日间照料中心，基本硬件条件符合要求，早上八点老人们可以到中心休闲娱乐，进行打牌、看电视等活动。中心有各种活动，对生活能够自理的老人，包粽子、生日会、金婚纪念日等。还有床前关爱，但是暂时还没有项目化。如果有发现卧床不起，进行心理疏导，这支老人服务，依靠低龄老人为高龄老人服务，实际操作上可以进行得更好。同时有中医专家量血压、血糖，慢性病也要靠老人自我管理。

社区养老项目化运作，能够自主分配资金，自主运营与安排日常事务。老伙伴计划通常需要街道的老龄班召集开会，主要讨论志愿者人数、高龄老人个数以及社区配比资金与具体的任务等问题。组织刚成立便将老伙伴计划交由社会组织培育，不单单负责嘉富，还负责培育菊园 10 个社区。有 300 位高龄老人，60 位老伙伴计划的志愿者，这是有名单的记录。需要传达到这些人，并且成员都要签字，并且有项目书。这个项目原来由政府负责，区里民政局推动这项工作。如果有专业社区培育组织，便将项目发包，原来体系、志愿者、培训、老人都有，10% 的管理费（5400 元）归社会组织，这次是 5.4 万元的项目费。老伙伴计划街镇项目，资金由区民政局提供，专款专用，项目周期是 2016 年一个年度。与复源事务所难以比较，要有财务制度，要更加规范。成立机构的初衷，并不是为了接上级的项目。成立机构不仅需要实体化运作，更需要有可持续的发展能力，以项目制运营活动。

经过前期的准备，幸福老来乐助老项目蓬勃发展。2016 年 4 月，经过前期的工作准备和资料收集，上海嘉定菊园嘉富社区幸福街坊助老服务社批准注册。一个助老项目，慢慢衍生出了一个服务类民办非企业单位，这是"量的累积"达到了"质的飞跃"。

上海嘉定菊园嘉富社区幸福街坊助老服务社现有专职工作人员 2 名、兼职人员 4 名；有社区助老志愿者人员 40 名（其中兼职社工师 1 名、兼职社工员 3 名、讲师 1 名、心理师 1 名）。通过社区拨款、社会慈善捐款、辖区单位资助等社会化方式解决资金短缺的问题，并充分动员社区居民和年轻型老人自愿参与助老服务，增强老年人的自助能人，提升老年人互助意识。同时幸福街坊助老服务队还承接区民政局的"老伙伴"计划项目，菊园新区为老服务项目等多个关爱老人的项目。

　　幸福街坊助老服务社由专业社工负责日常管理与运行，成为辖区老年人搭建"增长知识、互帮互助、促进健康、交友联欢"的平台。"以群众需求为基础、以社区资源为依托、以志愿服务为保障、以老年骨干为支撑"的理念，不断拓展，提高服务质量，并且积极参与"社区互助、邻里守望"的志愿服务，通过发挥余热帮助有需要的高龄老人，真正做到"老有所为、共建和谐"。

　　业务范围：主要提供为老咨询、为老服务，提供居民家庭各类生活服务，开展为老志愿者专业培训，对外沟通联络，承担居委会委托事宜和承接街镇相关的为老服务及生活服务项目。

　　助老服务社服务内容：老年人日常生活照料、生活健康服务、医疗保健、家政服务、法律维权、文体教育、精神慰藉、独居老人心理咨询及老年人家庭生活中的日常维修、家政等生活服务，做到"让老人舒心、安心；让子女放心、省心"。幸福街坊助老服务社的社区居家养老服务有社区的法律顾问，为社区居家养老服务提供专业法律支持，在清晰明确且权责完善的法律条文基础上，社区才能更好地开展公益性的社区居家养老服务。幸福街坊助老服务社配备养老服务人员、康复技术人员、心理慰藉人员、家政服务专业人员为服务对象提供专业化服务。助老服务社服务致力于打造一个开放式的社区养老服务平台，使老年人不出社区就能享受敬老院的服务。

　　作为一家服务型的民非组织，服务社架起百姓与市场之间的桥梁，以和嘉定区惠民社区服务中心联盟将具有较高社会公信力的企业吸引进来为百姓服务，并建立系统的为老服务监督与反馈制度，为社区老年人提供优质的服务。组织成立以来为嘉富社区、嘉邦社区及周边社区的老年人家庭提供各类服务 1000 多次，完成"嘉富有春晚""嘉富过大年""嘉富生日会"等为老服务品牌的创建工作，受到社会方方面面的赞同。退休党员陆庆福老人和他的爱人，由于儿子长期住在美国，平时身边没有家人陪伴，两位老人生活孤独，虽然孩子在嘉宁坊给老人买了一套房子，但还是住在众仁敬老院。嘉富社区幸福老来乐项目邀请两位老人到居委会过生日，并在重阳节给两位老人送上重阳糕，两位老人感到社区带来的温暖，并大力支持社区的幸福街坊助老服务社，前后三次自发捐款，共计 9000 元。陆庆福老人说："自从儿子去了美国，我和老太婆很久没有那么高兴了，我们住在敬老院，社区还想得到我们，捐钱是应该的，我们老两口也希望更多的老人像我们一样得到社区的关爱。"老人淳朴的话和真挚的感情，让助老社受到了很大的鼓舞，同时也为助老社增强了很大的动力。

现在嘉富社区正在将老龄委的经验向其他社区推广，主要是在嘉邦社区，在 5 月份两个社区的老龄委合作举办了嘉邦社区的老人生日会。由于类似的生日会在嘉富社区已经积累了丰富的经验，大家对这一活动流程与分工都已经非常熟悉，在生日会的现场各司其职，现场也井然有序。嘉邦社区老龄委虽然组建起来了，但经验不足，团队还需要磨合与努力，团队内的规范、分工等方面都还没有初步形成，后期还需嘉富社区的老龄委协助与培育之后才能真正步入正轨。但这种助老模式暂时还无法在整个菊园新区推广，因为并不是所有社区都具备成熟的条件，最为关键的是需要社区有合适的能人愿意出来主持工作。嘉富老龄委的王阿姨已经离开嘉富社区，搬到南门居住，虽然还可以参与已经注册的社区社会组织的工作，但由于已非居民，便不能来主持老龄委，现在已将原来的一个成员奚阿姨推为负责人，但她虽然做事情认真负责，但是领导能力较弱，领导和表达能力不如王阿姨。社区中所做的工作，如何恰当地沟通表达是社区工作者的重要能力。

老龄委的助老活动也吸引着享受过服务的老人的加入，他们加入助老服务队，服务其他老人。同时助老活动资金渠道逐步多元化，除了一部分项目资金外，还有额外的资金注入。这使团队的发展有了一些居委会预算之外的资金，但这个资金的使用方式仍然按照原有的报销制度来管理使用。其次是有社区居民根据自己所擅长的专业进行助老服务，社区中有一位经验丰富的医生周老，由于享受过生日会的服务，便提出每周要为社区里的老人免费看诊半天。由于周医生原来在医院上班，他在社区看诊时所开的处方也为医院所接受，因此可以直接凭方抓药。其他社区的老人听说后也要来找周医生，但考虑到他身体可能吃不消，被社区书记制止了，目前只为本社区的老人看诊。

八　信任、互惠、监督——老龄委机制建起来

专委会都有总结、计划、预算。如有运动会，需要做个预算。开展活动每个专委会需要做出活动预算，让他们觉得有钱办事，有人办事。同时组织还有一个专门财务人员会计对财务进行管理。

老百姓在监督，社区监督委员会组织人员主要是做过会计的退休人员（退休人），有工程监理等进行监管，工程监理是九大专业委员会之一，以上是监管重大工程。居务公开的监督，需要开评议会，现在也要对组织资金进行监督，专委会所需经费应在计划中，并且需要开会讨论并做好会议记录。购物要专委会签字和文体干部签字，否则不能报销，并且需要注意资金是否在计划内以及是否超支。

2014年7月社区开始与规划设计院合作共建，起初找副书记沟通协商，对方认为可能会让去捡垃圾，因为这是之前很多共建的主要内容，社区书记便想将这个生日会让给他们负责组织，让他们参与，这也是给员工受教育的机会。起初公司出资5000元，现在出资1万元，一整年每次的生日会都会出资，遇到重大活动时，公司员工也会参与其中，甚至有些员工会进行表演。现在，这个活动嘉定区大部分都知道，他们公司的名声也很响。2010年10月，结合国庆这一大活动，老龄委希望规划院的领导参加并且让他们出一个节目，规划院同意了。菊园新区老龄办需要到文化中心举办活动，他们也需要参与。嘉定区民政局分管老龄工作的副局长也过来，后来领导看到，他们认为这一活动不是街道的，是居委会来做。最后连双拥部门都来参加，将消防中心的士兵拉过来，为老师送去康乃馨。主办是嘉富社区老龄委（并不是居委会，社区书记这里强调专委会才是真正的居委会，而他们这些社工只是外来的和尚），协办是其他单位。水利工程设计公司在2013年出资6000元，2014年出资6000元，属于区域化党建。

原来使用资金要经过居委会，需要使用的东西和资金项目有较多的限制，成立社会组织后，财务资金使用相对宽松，规划设计院退出嘉富生日会，资金支持可以直接打到社会组织账上，老伙伴计划不再交给社会组织，自己也会收到 5400 元作为本社区的经费，这个钱又到老龄委。有了这个平台，财务相对更加简单。

社会组织是一家独立运作、独立经营的机构。老龄委还可以扶持运营，但是机构大可不必。机构法人代表是社区副书记，社会组织要派党建指导员。今年规划院的经费已经给居委会了，不能再拨给这个机构。现在是需要资金运营，所以还没有涉及人员津贴问题，现在不能承诺有津贴，首先考虑的应该是运营。老龄委的主任是操作者，同时组织内的出纳、会计工作人员都需要一些工作补贴。老伙伴里有津贴 5400 元，还有报税收，要申请减免。全区第一家社区社会组织，20 多万元工作经费，另有村居管理经费 20 多万元，总共有 40 多万元。现在已经用了 3000 元，税盘 820 元。这个机构主要是服务本社区。

居民自治需要自治基金，但不敢公开，让每个专委会有自治金，把自治家园的推到菊园的 5 年规划。楼组微自治现在是 2.0 版本。理念、理论要符合主流和法律规定。原来睦邻点，法律上并没有的。居民的自治组织需要在法律框架内进行，跳出了框架法律便没有支撑，这样一个组织就没有生命力，可持续发展力也不强。有法可依是永恒不变的真理，在法律没有修改的时候，是可以推广的。

理念性知识需要学习，形式也要有理论根据。在社区做任何工作都要有目的，有几家人，沟通交流，鼓励他做成社会组织，通过专业化培育鼓励他们做一些事，贡献一份力量，分担居委会的工作。社区里许多年轻人有专业很强，这就需要分工。有一个年轻人睡不着，总是找不到原因，后来才发现是楼下楼板钉的电扇不稳，发生共振。后来由于社区提供很多帮助，愿意给社区提供很多志愿服务，现在他每周来给老年人上一次电脑课。去年被评为上海市劳动模范、嘉定区十佳杰出人才。

社区社会组织发展空间大，发展潜力无限，未来会有很多培训的项目。远期来说菊园有 8~10 家，近期有 3~5 家，但也面临着共同的问题。辅导社区社会组织，现在只能边做边摸索。要研究如何开发票，碰到营改增的问题等。复源事务所的专业培训和培育，菊园社会组织服务中心是孵化器，那里没有社区社会组织，对社区有的群团组织进行登记注册，需要管理这些松散的团队。这个孵化器也没有将工作做到位，用了一个社工，一个退休书记，同时积极鼓励每个社区自己组织自己运行。注册资金都是新区。当时因为这两家机构都没有尽职，都是社区自己做，孵化器会调整并且后面会做得更好。原来注册资本要求 5 万元，现在 5000 元即可。

1001 弄 3 号 302 的朝鲜族阿姨李顺春，受过良好的教育，她培养了三个优秀的儿女，虽然子女不在身边，但是和老伴儿在一起，日子过得平淡而温馨。但是她的爱人的离世让她深受打击，心情一直很低落，整夜无眠，白天没有精神，也不想出门。幸福街坊助老社知道后，便组织志愿者和医务人员多次上门，给李阿姨做一些心理疏导。在进行了多次心理抚慰后，李阿姨慢慢走出了阴影，心情变好了，人也开朗了许多。

社区给予李阿姨的社会支持，让李阿姨心存感恩，她也加入了幸福街坊助老社的行列中，虽然接受着志愿者的帮助，但是空余时间她也给助老社出一些主意。因为年轻时候主要从事文案工作，所以李阿姨比较精通一些理论性较强的业务，下面就是在李阿姨拟写的基础上修改的组织机制。

（一）信任机制

志愿者与服务对象之间，建立和加强彼此之间的信任度，实现社会信任机制与法律的整合。把原本陌生的群体结合在一起，在日常深入的了解和认识中相互熟悉，相互确立信任关系，并建立责任感与认同感。同时，用大众传媒来对传统的思想观念加以整合，以内在的信用体制为主，外在制度体制为辅。

构建和谐社会中的信任机制，还要规范政府行为，进一步对社会中的集体公益组织进行规范，对个体与个体之间进行引导。

（二）互惠机制

低龄老人的奉献和服务，让众多高龄老人受益。低龄老人实现了自己的社会价值，再一次融入了社会群体中去，是价值的自我体现；而对于高龄老人来说，每一个电话、每一次拜访都是一种心灵的慰藉，因为信任和认同，让高龄老人和低龄老人相互扶持，相互进步。

在精神文明方面，由于低龄老人定期的上门服务，读报、讲国家大事等，丰富高龄老人的精神文化生活，同时在生活中积极挖掘有一定能力和服务意识的辖区志愿者，吸引并动员他们发挥余热，鼓励和组织低龄老人帮助高龄老人的社区志愿服务。这样的志愿形式，让低龄老人也拓宽了自己的生活圈子，有更多的社交人群，对于他们来说也是一种收获。

（三）监督机制

监督机制的建设是对督查事项的跟踪监督，增强全体成员对制度的执行力。成员之间相互监督，对所安排的工作，不管完成与否，都应向对应人员回复，保证事事有落实、件件有回音。当在执行开始后发现有困难或阻力，无法按时完成，必须在规定的时间内通过公开、正当的程序向相关负责人反映，否则就没有任何理由不完成工作和任务。成员之间也可以相互探讨和分享经验，加强执行力、提高志愿服务的质量对于自身来说也是一种考验和提升。同时针对各成员的工作情况，在年终总结会议上评定出一些优秀的志愿者，并进行表彰，既做到了激励，也做到了公平公正。

尾 声

"互助养老点"像一块强劲的磁铁。未来，社区将"老有所学、老有所乐、老有所为、共建和谐"的服务理念转化到实际工作中，不断创新工作方式，推动辖区"为老服务"工作的进一步发展。

嘉富社区幸福老来乐助老项目衍生出的嘉富社区幸福街坊助老服

务社以社区为平台、以社会组织为载体、专职服务为支撑的联动机制已形成，满足了辖区群众多层次、多方面的需求，提高了群众参与社区活动和社区事务的积极性，激发了社区治理的活力。同时，充分挖掘和整合辖区各社区的场地资源、群众资源和社会资源，结合辖区实际情况和老人需求，规范服务程序，保障街道老年人的本土化运作。

莫道桑榆晚，人间重晚晴。每个人都会变老，老年人的今天就是我们的明天。关注老年人的生活质量，充分挖掘并释放社区养老的内在潜力，在老龄化浪潮到来时，才能迎来美好的"夕阳红"。

丁阿姨工作室
——徐行镇曹王社区

一 曹王社区介绍

嘉定区徐行镇曹王社区，始建于 1991 年 1 月。位于嘉定区城外，嘉定区东北部的镇村结合部。东至前曹路，南至新建一路，西至大安路，北至戴家湾，辖区总面积 147000 平方米，居委会总建筑面积 63400 平方米。现有社区服务设施 990 平方米，其中居委会办公用房 150 平方米，活动用房 840 平方米。辖区总户数 323 户，常住人口 1367 人。党员 28 人，其中在职党员 10 人，退休党员 18 人，主要划分为两个党小组。辖区内设有 4 个楼组党建小组，2 个睦邻点——开心睦邻点和山海经睦邻点，3 个客堂汇——158 弄新居民客堂汇即丁阿姨工作室、99 弄别墅小区三组客堂汇、99 弄别墅小区一组客堂汇。共建单位 17 家。社区常住人员主要是城镇居民动迁的农民与外来人口。由于区域比较广，居住较分散，人员组成较复杂，一直存在着服务上的"短板"以及管理上的"盲区"。经过这几年不断地探索社区治理新途径的努力，曹王社区已然被打造成一个宜居、和谐的美丽新家园。社区曾先后获得了全国综合减灾示范社区、上海市文明小区、上海市平安小区、上海市垃圾分类示范小区、嘉定区文明小区、上海市嘉定区先进基层党组织、上海市嘉定区科普示范村（居委会）、嘉定区"礼乐家园"家文化示范点等荣誉。

　　曹王社区内的158弄小区是典型的老式居民小区，80%以上的住户都为外地来沪人员，他们或租赁或购买，在158弄小区落了户安了家。目前有本地居民267人（99户），外来居民620人（226户）。由于大家来自五湖四海，有着不同的方言和风俗习惯，长期以来，老旧小区的各类问题层出不穷，其环境的"脏乱差"严重影响了居民的日常生活，也给小区的管理带来了较大困扰。为了给社区居民提供一个干净整洁、环境优美的居住空间，曹王社区以"文明小区创建"为契机，积极探索符合新时期、新形势要求的社区管理、服务模式以及社区文明创建工作新方法，不断总结社区工作经验，整合社区建设资源，培育社区领袖，推进社区自治，成功创建了"丁阿姨工作室"。"丁阿姨工作室"助推文明小区创建，成效显著，已具有一定的社会效应与影响力。

二　社区需求——为外地居民提供服务

　　曹王社区原属于曹王镇，后曹王镇与徐行镇合并后，中心移到徐行镇，而曹王镇保留了一些工业产业，基础设施已落后于徐行镇。此外，这里还聚集着大量外来人口。由于居住在本地的外地人口较多，一到假期便有许多留守小孩与父母团聚，但是当父母上班时并没有人照顾孩子，由此产生了诸多问题。

丁阿姨工作室的负责人丁秀娟是地地道道的曹王人。20世纪60年代为响应国家"知识青年支援山区建设"的号召，丁秀娟和老伴一同扎根桂林乡村，直到2003年退休回到上海。现户口却一直保留在桂林，这也让丁秀娟成了一位新新人类——新上海人。但她退而不休，一直热心参与社区组织的各项活动。她以奉献、友爱、互助、进步为宗旨，为小区的各项创建工作不停地奔忙，发挥余热，奉献自己。她崇高的人格魅力感染着身边的每个人。在她的带领下，社区一批热心人士相继加入了她的志愿行动行列，共同承担起社区创建的宣传工作，倡导文明健康的生活习惯，共同努力，为文明小区建设贡献一份力量。

小学四年级的女孩瑶瑶一家住在丁秀娟的楼上，这是一个三代同堂的外来务工家庭。由于平日忙于工作的爸爸妈妈无暇照料女儿，瑶瑶的奶奶便从老家搬到这里与他们一起生活。在一个寒冬的傍晚，丁秀娟在工作室门口遇到了正蹲在墙角边写作业的瑶瑶，寒风中瑶瑶边写作业边用嘴巴呵着气暖手。丁秀娟有些纳闷：瑶瑶是学校里的大队长，平时读书用功又是一个乖巧懂事的孩子，怎么会不回家写作业而是蹲在外头？况且又是在那么冷的天气里，难道是家里出了什么事情？丁秀娟疾步走到瑶瑶身边，蹲下身子拍拍她的肩膀说道："瑶瑶，怎么一个人啊？怎么不到家里去写作业？"瑶瑶边写作业边低声说道：

"家里没人，奶奶可能在忙地里的活儿，过会儿才到家。今天老师布置的作业有些多，我要快点完成。"听了瑶瑶的话，丁秀娟想起前些日子好像看到瑶瑶奶奶拿着农具出家门，两人还闲聊过一阵，说是看到有片荒地能开垦一下，种点蔬菜自己吃吃能节省些开销。丁秀娟马上拉起瑶瑶的手打开工作室的门，让瑶瑶进屋写作业，她对瑶瑶说："瑶瑶，以后放学回家后要是奶奶不在家，你就到我这里来写作业。"瑶瑶听了忙说："真的吗？我以后可以来找你？谢谢你！"丁秀娟看着这个懂事乖巧的孩子连连点头。

从这以后，要是家里没有人，瑶瑶就会跑到丁秀娟这里。瑶瑶写作业有不明白的还会求助于她，丁秀娟总是不厌其烦地尽自己所能帮她解答。孙女不在身边的丁秀娟看着眼前的这个女孩，越看越喜爱，久而久之，丁秀娟成了瑶瑶的丁奶奶，瑶瑶也喜欢和这个奶奶在一起。在瑶瑶的带动下，越来越多"无家可归"的小朋友来到丁阿姨工作室，将工作室视作他们的第二个家。

丁秀娟不仅是丁阿姨工作室的负责人，同时也是"新居民客堂汇"的召集人。寒暑假里"新居民客堂汇"总有许多精彩纷呈的活动，瑶瑶自告奋勇地作为丁秀娟的小助手，东奔西走通知着自己的好朋友和同学们一起参加活动，俨然一个"客堂汇"的小志愿者，丁秀娟看在眼里喜在心里。

每年的寒暑假，对于"小候鸟"来说，无疑是他们最期待的一段美好时光。从老家"飞"往父母身边，享受久违的亲情。而许多在城市打拼的父母却由于工作繁忙，让"迁徙"而来的"小候鸟"们"二次留守"，由此也带来了不少的安全隐患。

面对这些候鸟族的孩子和家长，丁秀娟主动与社区党支部联系，把为孩子和家长排忧解难作为丁阿姨工作室组织开展社区服务的大事。她及时向候鸟族孩子和家长伸出援手，发起了"牵手行动"总动员活动，把"小候鸟"们纳入社区暑期活动安排，丰富暑期活动内容。社区在网上宣传和招募暑期活动志愿者，组建守望相助小组，时刻关心孩子们的动态，让"小候鸟"们度过一个安全、愉快、充实的暑假。

为了让更多的孩子走出家门，参与到社区的暑期活动中来，丁秀娟每周周一、三、五安排大活动，天天增设小活动，活动时间延长为全天，不仅增加了活动次数，还增加了活动时间，让"小候鸟"们有更多的时间融入暑期活动的大家庭中。为了让孩子们有充足的活动阵地，丁秀娟整合场地资源，建立了一个暑期活动中心、两个"客堂汇"服务活动点和一个丁阿姨工作室，确保在暑期活动开展中大活动到中心、小活动不出小区站点，小朋友们的安全得到了有效保证。活动内容上，通过开办主题夏令营、客堂文化、社区实践等多种形式的活动，有效吸引了"小候鸟"们的参加。

为了使"小候鸟"们增进对农耕历史的了解，铭记祖先的辛勤与智慧，暑期丁阿姨组织学生参观徐行镇青少年爱国主义教育基地——江南农耕文化展。在解说员的解说下，孩子们了解了农业生产中的传统文化知识；讲解老师更是通过提问的形式加深了学生对农耕工具用途的了解。同时像人力踏水车、绞绳机等展品的样式纷纷引起了学生的好奇心。孩子们见识了即将消失的江南农耕文化，从而认识到科学对幸福生活的重要意义，并立志加入到建设美好家园的行动中去。

　　漫步于当下的街头小巷，随处可见各种各样的"西点房""烘焙工坊"，丁阿姨觉得不可思议。她开始有一个新念头，希望让大家尝尝我们中国的传统美食。于是，在丁阿姨的鼓动号召下，小区的几位巧手阿姨也情绪高涨，积极参与，将原材料带到丁阿姨工作室准备一展才艺，让小朋友们了解中国的美食。工作室的俞阿姨和郁阿姨搭档，一个和面一个擀面皮，俞阿姨在白白的面粉里加入了黑芝麻和金灿灿的菜油，雪白的面粉变成了一团团金色的面团。郁阿姨拿起擀面杖，把面团擀得飞起来，一张张浑圆的金色面皮就像这三伏天里挂在天空的红日。金阿姨开起油锅，炸起了面皮。顿时，工作室里飘出了葱香和芝麻香，引得大家口水直流。一口咬下去，"嗞、嗞"的糖水往外冒，满嘴的葱香味。小朋友们吃得满嘴流油，不住点头称赞。饼香、饺子香引来了小区里的居民，大家你一口我一口的，吃得津津有味。"千层饼、千层饼"，真是千里传情啊，不仅勾起了阿姨们的儿时情，也勾起了浓浓的乡里情。

　　为使"小候鸟"们能度过一个安全且有意义的暑假，丁阿姨还组织"小候鸟"们参观了嘉定区公安消防支队的嘉定中队。在消防中队教官的带领下，大家零距离接触了"钢铁战士"——消防车，基本了解每款消防车的不同技能。在消防科普体验馆，小朋友们知道了灭火器的种类及使用方法；在各个模拟演练场馆，小朋友们学会了如何排除各类火灾隐患、初期火灾扑救方法、高层逃生技巧等各类消防知识。在教官叔叔的演练和帮助下，小朋友们经历了高空逃生的惊心动魄。在火场逃生演练室，小朋友们捂着鼻子匍匐前进，身临其境般感受了大火的无情及危险，同时也切身感受到了消防员英勇无畏的利他精神。

"垃圾我分类，环境我保护"。为使"小候鸟"们从小养成环保意识，丁秀娟又开始认真备课，收集材料，为孩子们讲解垃圾分类知识，如垃圾分类的基本概念，垃圾分类对环境保护的意义、作用等。随后通过小游戏——现场垃圾分类，让同学们了解如何快速有效地辨别干垃圾、湿垃圾及有毒有害垃圾。游戏中孩子们的笑声与争执声不断，对有争议的不能正确投递的卡片，大家就拉来"百晓生"丁奶奶解惑答疑。丁奶奶的讲解，使孩子们进一步深化了垃圾分类知识。

为切实加强社区内的禁毒宣传工作，帮助"小候鸟"们了解毒品危害，树立防毒意识，提高拒毒能力，社区禁毒志愿者队的志愿者们为"小候鸟"开展了题为"拥抱健康、亲近幸福"的禁毒宣传活动。禁毒志愿者向学生们介绍了我国的禁毒史、新型毒品和传统毒品的区别等相关知识。志愿者的讲解深深打动了在座的小朋友，大家踊跃举手争相发言。最后，志愿者老师一再叮嘱小朋友：远离毒品、珍爱生命。

由于"小候鸟牵手行动"的成功开展，丁阿姨工作室又成立了中小学生社区实践指导点，每周六、日都有其他地方的学生慕名而来，丁阿姨作为指导老师都会向学生们宣传节能环保理念，教授文明礼仪知识，号召同学们应该从不同的方面来关爱自己的家园，从身边的小事做起，为建设文明和谐家园贡献自己的一份力量。

牵手行动自开展以来，得到社区广大居民的大力支持，同时还吸引了诸多居民的参与。社区民警、中小学老师、公益活动志愿者、邻里街坊和共建单位都加入大手牵小手活动中。在非暑期活动安排期间，由社区干部、社区平安志愿者、门卫保安和左邻右里组成的守望相助小组，对白天留守在家的孩子通过"上门敲一下门、楼下按一下门铃、家里打一个电话"的方式和孩子们保持经常性联系，并在两个"客堂汇"服务站开设有求必应热线电话和提供临时看护点服务，让家长放心上班、安心工作。

为了积极响应区委、区政府的创城工作，创造"礼乐嘉定、教化嘉定"，丁秀娟始终以自身的魅力影响周边的人。通过乡贤文化、家训家风的宣传和传播以及楼组自治的活动形式，发挥榜样的引领带动作用，小区逐渐涌现出了许多文明家庭。从而曹王社区的整体文明程度得到了提高，整个小区居民的文化与素养也得到了显著提升，为整个小区的文明创建创造了更好的人文基础。因此，丁阿姨工作室也被命名为市级"礼乐家园"家文化示范点，而丁阿姨本人也被评为嘉定区"十佳乡贤"。

三 社区能人——丁秀娟

丁阿姨是社区全能型的人才，她负责了社区全方位的工作。她之所以能够担任起社区建设的大任并取得显著的成绩，这是与她扎实的群众基础分不开的。丁阿姨多年与这些居民打交道，在群众队伍中形成了巨大的威望和信任。同时，由于丁秀娟年轻时一直在桂林，退休后才回到上海，所以她兼具本地人和外地人的身份，能深刻理解两类人的所思所想，体察他们的生活处境。

与以往暑假相比，今年暑期的"小候鸟"人数少了许多。一方面是由于曹王社区158弄除了进门右手边的一排房子以外，其余绝大多数房子没有产权，因此也就无法办理居住证。没有居住证就会影响新居民孩子的教育机会，有几户适龄学童家庭因此搬离社区。另一方面，社区附近有一个1500元/月的暑期班，白天托管孩子，包中饭。而丁阿姨工作室中午是不负责孩子们的午餐。因此，有一大批孩子参加了社区附近的暑假班，还和丁阿姨请假，等到8月15日托管班结束之后再参加丁阿姨工作室活动。

1. 乐于助人，信任为先

丁秀娟所在的158弄小区，原是20世纪90年代的老式小区，80%的住户都是新上海人。每年春节前，小区内好几位与丁秀娟相熟的居民会将家门钥匙送到她的手中，让她帮忙照看房子。居民张映秀说："因为回老家过春节时间长，家里开窗换气什么的，都需要劳烦丁阿姨，这样做已经好多年了。"

3月1日上午接到电话得知张映秀下午要回来，丁阿姨提前到她家打扫了一番，开开窗户、扫扫地、掸掸灰尘。其他几户也是如此，回来前都会和丁秀娟说一声。丁阿姨说："其实都是些小事，能帮就帮，他们信任我，我也开心。"就算下雨天丁阿姨也不耽误，老伴劝她别去，她说这是受人之托、终人之事。

在小区内还能经常看见丁秀娟拎着大包小包地为居民送快递。由于小区内大多是上班族，时常快递到了来不及回家收，有些居民索性就委托丁秀娟代收。如今委托代收的"业务"就更多了，丁秀娟乐此不疲。

2. 爱管闲事，帮困居民

丁秀娟是徐行曹王社区居民眼中的热心人。她是乐于奉献的志愿者，是解决矛盾的老娘舅。自1998年退休以来，丁秀娟就一直热心社区工作，关爱邻里、服务居民，用坚持和汗水默默付出着。不过她却说"我的幸福是管闲事管出来的"。

"我其实挺爱管闲事的"是丁秀娟给自己的评价。丁阿姨对社区内大大小小的事情都了如指掌，如谁家来了亲戚，这是谁家的汽车，是不是本小区居民等都能认出来，社区出现矛盾纠纷也常常看见丁秀娟的身影，为此2014年曹王社区还为丁秀娟专门成立了一间工作室。主要为社区的大小事务解决提供一个沟通协调的平台，主要内容小到家长里短、鸡毛蒜皮，大到国家政策宣导等。丁秀娟原本就是社区大忙人，自从有了工作室后就更忙碌了，找她解决问题的人不仅有社区的居民，同时也有居委会的干部。曹王社区书记欣慰地说："小区内的许多事情，丁阿姨一句话比我们居委会干部说十句都顶用，这里的居民都相信她，尊敬她。"

前段时间，居委会需要绘制一张小区人口管理图，需要丁秀娟帮忙。"丁秀娟对于哪一户是本地人哪一户是新上海人清清楚楚，不足一小时一整张小区人口管理图都被标示得清清楚楚。多亏丁阿姨的帮助，我们才省去了许多时间。"曹王居委的一个居委干部说。

2013年的一个夏天，丁阿姨正要回家，途径18号楼时不经意地抬头向居民楼望了一眼，不看不知道，一看吓一跳。四楼一户人家的窗台上正趴着一个小孩，身子还在不停地向外探，稍不留神就有生命危险。丁秀娟急忙冲上楼并敲开那户人家的房门，丁秀娟看见小孩开门，终于放下那颗悬着的心。事后才了解到原来小孩的奶奶趁着孙子睡觉时外出买菜，不料孩子醒了，见不着奶奶就爬向窗外找，幸好丁秀娟及时赶到。此后丁秀娟再也不敢让小孩一个人待在家里，领着孩子到小区门口等孩子的奶奶买菜回来。

3. 乡贤文化，助推文明

乡贤文化和好的家训家风，是中国传统文化和教育的重要组成部分，是推动社会文明进步的正能量。丁秀娟利用自己"十佳乡贤"的榜样示范作用，在日常楼主自治活动中积极宣传。现在走进小区，处处可以看到邻里间互帮互助，家庭之间处处互敬友爱。近年来，社区涌现出了大量的文明楼组和文明家庭。

4. 穿针引线，融洽邻里

跟着丁秀娟走在小区里，迎面而来的居民总会热情地与丁阿姨打招呼，一声声的"丁奶奶""丁阿姨"。丁秀娟说小区内几乎所有的孩子她都教过，所以孩子们也都认识她。退休前丁秀娟是一位语文教师，所以一到寒暑假都会无偿辅导孩子功课。同时她也是小区的楼组长，有社区的平安卫生志愿者、社区健康自管小组的成员、义务人口协管员等十几个社区志愿头衔。

丁秀娟头衔虽多将各个工作落到实处。过去小区内治安环境差，经常发生居民财物被窃事件，当时居委会便号召社区居民组成治安巡逻小组，但反响平平。丁阿姨听闻后第一个报名参加，并协同居委会一起发动居民积极参与。果然，在丁阿姨的带动下，参与的居民人数逐渐增多，现在已有固定成员三十几人。同时为了保证社区治安，小区也装上了摄像头。据悉，自成立夜巡队以来整个小区再也没有发生过社区偷盗案件。

曹王路158弄小区硬件设施整体落后，缺乏专业的物业管理。小区楼顶长期暴露在外的水管，每到寒冬水管不是爆裂就是结冰，给小区住户的日常生活造成了严重影响。为解决这一难题，在丁秀娟的号召下，小区居民纷纷响应，组建了包水管志愿队。每到寒冬来临前，由居委会出资购买保暖材料，志愿队出力为水管穿冬衣。如此一来，彻底解决了困扰小区居民多年的难题。

居委会干部说曹王小区属于老小区，基础设施设备差，人口又杂，若不是像丁阿姨这样的热心人在其中协调工作，许多社区工作无法开展。如今的社区管理却是充满活力，成为镇域内许多老式小区的管理典范。

四 聚是一团火——丁阿姨工作室

工作室成立挂牌于 2013 年 7 月，由客会堂挂牌。居委会上报徐行镇政府，政府揭牌，后来挂了工作室的牌子。

丁阿姨工作室共有 8 名志愿者阿姨，大部分都是居住在本社区的退休阿姨，她们不算是工作室成员。空闲时期一名成员负责日常工作即可。暑期人较多，8 名志愿者阿姨都会到工作室进行日常工作。

工作室有一位外地成员韦秀芝。女儿读三年级，由于女儿时常不带钥匙，家里外婆又外出了，所以丁阿姨时常让她到工作室写作业。丁阿姨照顾韦秀芝的女儿，让韦秀芝无比感动。于是丁秀娟有事便带她一起参加，白天参加上下午各一次的小联勤活动，主要是维护社区治安与建筑，发现问题，及时解决问题，晚上也共同参加社区治安巡逻。

158 弄共有 4 个楼组长，别墅区 4 个，自建别墅 1 个，老小区 1 个。楼组长最初每月 20 元补贴，现在每月有 80 元补贴。丁阿姨与全体楼组长彼此熟悉，开会讨论时常聚在一起。挂牌之后，居委会在楼组长会议上宣传，意愿做志愿者就向丁阿姨报名。

丁阿姨工作室团队主要由丁阿姨负责，日常社区居委会举办活动或者有外部人员、领导参访等，丁阿姨工作室都需要做好各方面的准备。丁阿姨工作室是集合七八个品牌、多功能性的工作室。成立丁阿姨工作室的初衷主要是为老年人提供活动的场所，老年人可以聚在这里打麻将。此外还有老年大学，通常每周四上午 9:20 开始，风雨无阻，许多居民 8 点半就到教室了。这是一支优秀的老年大学集体。

"小候鸟"成立于 2014 年 7 月，成立之初需要做好基础工作，需要为孩子负责，下课后需要家长亲自接送。社区书记一开始有为孩子解决中午饭的想法，后来将这一想法与社区办主任沟通协商后没有经过允许。主要原因是从安全责任角度出发，担心小候鸟团队孩子多，卫生标准难以把握，万一出现意外情况难以担当责任。所以最终改成志愿者们给孩子们做简单的点心。

"小候鸟"的主要内容是辅导孩子完成作业，教育孩子垃圾分类等知识，还会定期让社区民警进行防火防水的安全教育，黄草编织、包饺子、小饼子等。活动内容多种多样，如有黄草编织，这也是徐行的特色，大都是年纪较大的阿姨教小朋友做黄草编织。丁阿姨还可以辅导小学 1～4 年级的功课，初中以上的内容难以教授。如有幼儿园小朋友到工作室，就让年轻的阿姨陪他们在院子里玩游戏、做作业等。其余的志愿者主要负责日常管理组织活动，保证活动的基本秩序和安全。

到目前为止组织没有吸纳新成员，组织队伍没有扩大，主要因为一是加入社区事务以及工作室需要有充分的服务意识和充足的时间；二是大部分经济条件较好的居民搬到嘉定或徐行区，而留在社区的居民大部分是经济条件较差的居民。

曾经努力动员过一些人，但是社区一部分是上班族没有空闲的时间，还有一些是菜市场的人员没有空余。部分有时间的人员，但没有社区公共服务意识。如有一位 40 岁左右的全职太太，先生从事绿化工作，她当时就说："吃饱撑了，为什么不在家看电视呢？"曾经还有一个尝试是动员楼组长的人员力量。其中一位楼组长是在职人员，之所以找她是因为她本人居住在 5 栋的自建别墅区，相对管理方便。社区许多成员忙于其他的社区事务或者家庭事务，都难以参与活动。

社区的楼组长需要有一定的文化素养，但目前大部分的楼组长文盲人数不少，初中学历的成员都比较少。如2楼组长是文盲，需要让其他成员帮忙签到。目前从整体上看，成员都居住在本社区，没有出现搬家的情况。在曹王路158弄小区居民的心中，丁秀娟有多重身份。是小区学生和社区老年大学学员们可亲可敬的"丁老师"；是小区年轻上班族和蔼可亲的"丁奶奶"；是小区老年人眼中与人为善的"丁小妹"。丁秀娟在大家心中已然成了小区典范和领袖。在她的带领和号召下，越来越多的人参与到社区管理队伍中，各种志愿者队伍不断壮大起来。

现在整个社区的8名志愿者，大部分由丁阿姨负责。社区做事情的大部分是这8名志愿者，但是参加活动的又是另外的人员。2014年加入两位外地人，他们是完全自愿参加活动。成员较稳定的是2位外地阿姨和别墅区的2位年纪较大的阿姨，她们擅长黄草编织。除了158弄门岗对面的一位患糖尿病的阿姨，其他五位阿姨所承担的志愿工作较多。组织成员之间人际关系比较和谐，个别成员本身就认识，其中2位志愿者退休前任职于同一工厂，别墅区的阿姨也大部分熟悉。这几位志愿者都是共同开展活动，共同开会沟通协商，这些社区志愿者也参加了老年大学、楼组长会议、自管小组。

居委会目前还没有考虑过找新人来接替丁阿姨的工作，但是丁阿姨自己特别想要找新人替代自己，因为每个人都有干不了的那一天，但目前难以找到合适的人。如果自己愿意参加社区活动，家属的支持也是重要的力量，组织里面2位外地阿姨就是典型的例子。

五　沟通交流促团结——客堂汇

随着社区活动的展开，新居民也逐步融入了社区，社区有活动大家积极参加。社区有栋楼全部都是新居民，以前居民之间都很陌生，互不来往。现在通过共同参与社区活动，大家拉近了彼此之间的距离，增进了情谊，活络了关系，同时也增强了社区的凝聚力。

客堂汇于 2010 年兴建，由当时在任的书记倡议发起。当时，居民时常有纠纷，也没有交流互动的地方。书记与精神文明办共同商议决定成立客堂汇，旨在为居民搭建一个互动交流、沟通协商、学习活动的空间。客堂汇得到了文明办宣传部长、镇级领导乃至上海市宣传部长等领导的高度重视，他们时常视察客堂汇，同时嘉定区的相关领导也来视察过。

客堂名称取自于本地农村的"客堂"，即家中正屋中用来会客的传统空间，村民一般在这一空间里进行娱乐交流等活动。客堂汇也扮演类似的角色，时常举行如"小候鸟"、老年人测血压、志愿者指导黄草编织、打麻将、看书、管理图书等活动。客堂汇内还建立了新居民党支部和新居民管委会。客堂汇成了社区一所多功能的便民利民场所。

8 名志愿者共同在居委会开会，书记、副主任也会参加。负责新闻稿的信息员和负责社区办联络的联络员都由居委会的 4 名社工担任。12 名志愿者即楼组长开会，大家彼此熟悉，会议沟通交流无障碍且能够达成共识。

客堂汇承担社区各种活动的会议。如五老的会，五老指的是老党员、革命、工人、医生等 8 个人，他们过完新年聚集在这里开会；社区民警召集的社区全体楼组长会议；此外，还有志愿者开展活动之前的讨论会，一般也都在客堂汇举行。客堂汇还承接"小候鸟"的暑期活动。同时客堂汇与曹王幼儿园联合共建，曹王小学与别墅区的客堂汇共建。一般社区书记要参与的会议都在这里承办，有时候还有来自其他领域的社工共同参与。

六 构建社区多元学习平台

随着丁阿姨工作室在小区内的知名度逐渐提升，越来越多的小区居民喜欢到工作室"嘎嘎三五"闲话家常，由此一支支的社区服务团队也在丁阿姨的协助下雨后春笋般成立起来。来自五湖四海的新居民时常由于语言与风俗习惯的差异，闹出一桩桩邻里纠纷。小则鸡毛蒜皮、口舌相争；大则拳脚相向，头破血流。居委会干部常常为一桩桩邻里纠纷跑完东家跑西家，有时焦头烂额也未必能处理好。于是在丁阿姨和小区几位热心居民的号召下，普通话学习班开班了。由于丁阿姨退休前是语文老师，这份重担自然落在了丁阿姨身上。课上，学员跟着丁阿姨认真学习，咬文嚼字，丁老师又根据学员的发音，对不标准之处耐心地一一予以纠正。学习班从最初的几名学员，到现在的满满一间。学员常说："我们来学习班不光是上课的，是来交朋友的。"丁秀娟也不失时机地抓住机会，将学习班老师的重任托付给一位年轻的全职妈妈接管。

1.老年数码摄影班

小区内人口占比较大的除了外来人口就是老年人。老年人通常随着年纪的增长，记忆力逐步衰退，短时记忆能力明显下降。为使他们留住记忆，留住青春，老年数码摄影班成立了。通过招募宣传，聘请了小区一位摄影爱好者作为老年摄影班老师。老年数码摄影班，根据老年人特殊的生理和心理特点，转变学习摄影的目的和动机，用形象教学法激发他们学习摄影的兴趣，更新观念。摄影教学循序渐进，逐步提高学员动手能力和创作能力，注重专业知识的同时，也从提升文学素养着手，提升他们的审美和鉴赏能力。这位通过社区招募而来的顾老师虽说是业余的摄影师，但他非常认真负责，不仅为摄影团队编写了团队章程，而且还制定了摄影学习计划，由浅入深、循序渐进的教学方法，渐渐吸引了越来越多的老年人前来，纷纷加入社区摄影团队。同时老师还为他们搭建平台，以此来展现他们的摄影作品，从而让他们的自我价值和社会价值得以再现。

（1）提高认识，转变学员学习目的。大部分学员学习摄影知识是为了娱乐、旅游。他们对摄影的认识粗浅，大部分老年人认为只要能按下快门就是摄影，对真正的摄影艺术完全没有概念。为此每学期开学第一节课都设定为作品欣赏课，用往期学员的优秀作品和名家作品作为教学案例。通过这些感性认识，他们从别人的作品中感受到摄影艺术的美感与魅力，从而激发他们学习摄影艺术的热情与动力。

（2）从基础入手，提高学员动手能力。摄影是技术与艺术相结合的产物。随着科学技术的迅猛发展，数码相机的功能越来越强大，操作也越来越复杂，这对老年学员来说是一个严峻的考验。社区老年数码摄影班发现这一问题后，在课堂上及时补救这一缺陷，开始基础常识性的教学，从认识自己的相机到掌握相机的使用，通过理论与实践相结合，讲解并操作每一个摄影知识点，并进行充分实践练习，让他们更容易理解和应用。

（3）注重专业知识，提高学员文化素养。摄影课的教学主要以专业知识教学为主，但同时也鼓励学员自修文化课程，提高文化素养。由于学员文化水平参差不齐，文化教育基础较薄弱，所以老师在制定教学计划时，仔细修改学员所写的照片说明，训练学员文字表达与写作能力，这一能力也是一种文化教育训练。课余期间也要求学员多读一些古典名著、文学诗词等，长期接受文化熏陶，不断地提高自身文化素养，这将为摄影作品的鉴赏与品评打下坚实的基础。

（4）搭建平台，展示老有所为风采。由于学员的学习时间短且精力有限，要想在短期内掌握所有的摄影知识是不切实际的，所以摄影班积极为学员搭建四个平台，即合作平台、交流平台、展示平台和服务平台，充分展示了他们老有所学、老有所乐、学有所为的夕阳风采，他们的人生价值也在无私奉献中得到升华。

总之，老年摄影课要根据老年人特点，从最基础的内容入手，循序渐进，让摄影技术在艺术中升华，让艺术在技术中展现，让他们从摄影艺术中感受到摄影的无穷魅力，充分挖掘他们的艺术兴趣与潜能，让他们想象的翅膀在晚霞中自由飞翔。

2. 健康医学自主学习队

健康医学自主学习队，让学员了解到高血压对人的危害，以及如何防治高血压的基本知识知识。学员了解了如何合理地使用抗生素，如何做到膳食平衡，为什么要"四控一动"及如何保持心态的愉悦与平衡。所有学员都掌握了测压技能，计算 BMT 指数，量腰围臀围做平衡操及保健操共十六节。学员们多次配合居委会开展便民服务，为社区居民测量血压，宣传"四控一动"及"四大基石"。

3. 草编队

黄草编织是徐行特有的非物质文化遗产，为了使其得到更好的传承，使新上海人们融入本地社区，草编队定期教授草编技能。社区内上至银发老人，下至活力少年，只要感兴趣都可以来学习，草编队由此形成。今年暑期，"小候鸟"们正在学习草编时，一群来自世界各地的暑期交流生也慕名来到丁阿姨工作室参观学习，跟随这些社区能人学习草编。

读书看报队、美食达人队、棋牌队等，这一支支充满活力与生机的社区小团队，将社区居民紧紧地连接在一起。这些充满力量的团队不仅丰富了居民业余生活，同时提升了居民的生活品质与生活幸福感，为社区注入了一股正能量。通过这一支支社区小团队的活动，大家从互不相识的陌生人变成亲密无间的朋友，逐渐将居民所居住的社区打造成了见面问个好、有事搭把手的熟人社区。

因"小候鸟"为工作室集聚了众多人气，丁阿姨工作室逐步热闹起来。许多孩子的爷爷奶奶、爸爸妈妈和叔伯阿姨在通过接送"小候鸟"的过程中也逐渐熟络起来，孩子家长之间开始打破尴尬聊起家常。谁家有了困难，大家及时搭把手；谁家有喜事，大家纷纷送上祝福。在此种情况下，越来越多的居民跟随丁阿姨参加小区志愿活动，参与小区的各项治理活动。他们中有嘉定区十佳见义勇为的好人，舍己救人，跳入齐腰深的河中救助失足落水老人，自己却在施救过程中脚后跟肌腱断裂，伤口缝合达 15 针；有拾金不昧、传播社会正能量的家庭主妇，将在小区花坛边捡到的钱包，急失主之所急，想方设法寻找失主，及时归还钱包；有耄耋老人；有公司白领；有学校学生等。在诸多社区居民的共同参与下，社区志愿者队伍逐步壮大。由于这些志愿者大多为新上海人，因此他们在丁阿姨工作室基础上自发组建成立了"新居民客堂汇"。何为"新居民客堂汇"？即以"汇聚民意晓民情、汇聚民智办民事、汇聚民俗展民风、汇聚民心惠民生"为主旨，建立在居民自家的客堂间里，以新居民为主要服务对象，努力实现新居民的自我管理、自我服务和自我教育的一项社区活动。同时在"新居民客堂汇"里成立了新居民管理委员会，由新居民当家做主，主任、委员都是小区新上海人。为加强新居民的自我管理能力，在居委会的主持下，客堂汇召开新居民代表会议，结合社区工作的实际情况，制定并完善了《曹王社区新居民管理委员会管理工作职责》《曹王社区居委会新居民管理委员会工作制度》《新居民公约》《158 弄小区星级户评定标准》等各项工作制度，积极倡导新居民开展自我教育、自我管理、自我服务，号召大家积极参与全国卫生镇复审、文明小区创建和嘉定区创城行动。

如今的新居民客堂汇，已然成了新居民表达民意的场所，他们在这里畅所欲言，提出建议和表达诉求。158弄小区中外来购房户居多，由于是组建房所以没有房产证，直接导致了购房者无法办理居住证，这一政策在外来购房户中积攒了诸多怨言，私下沟通联合要到政府部门上访。新居民委员会通过客堂汇了解基本情况后，迅速地联系了相关部门，组织新居民召开协调会，经多方努力最终有了解决办法，消除了新居民心中的不满。有新居民反映老小区技防设施差、污水管道堵塞、停车难等民生问题，引起了居委会的高度重视。居委会通过向政府申请财政拨款、共建单位资助、社区居委自筹等方法，投入资金200多万完成了老小区基础设施改造和环境整治工作。改造后，新增绿化草坪1000多平方米；新修建小区河道石驳和护栏70多米；更新小区监控设施，增加摄像头20个；新建300多平方米的停车场地等。通过一系列的基础设施改造和环境整治工作，小区面貌焕然一新。

新居民管理委员会是一个自我服务的平台。自成立以来，组织社区新老居民成立了三十几人的志愿夜访巡逻队。在小区内固定时间、路线开展常态化巡查，发现有可疑的陌生人员主动上前询问，提醒住户锁好车辆、关好门窗、做好防火、防盗等治安防范工作。几年来盗窃案件、入室盗窃案件等逐年减少。

新居民客堂汇召集人丁秀娟是一位名副其实的新居民，同时也是一位热心肠的社区能人。小区的新居民都愿意到她那里咨询"疑难杂症"。如来沪人员如何办理居住证、民工子女如何就近入学和外来孕妇如何享受计生服务等问题，丁老师都一一耐心解答，为社区居民做一些力所能及的事，赢得了广大新居民的信赖。同时她时常向新居民宣传外来人口管理政策，动员新居民自觉进行外来人口信息登记，按照"两个合法"的要求办理居住证。居委会在新居民客堂汇建立了外来民工子女看护点，每逢周六、周日，外来儿童都会到客堂汇集中学习。丁秀娟本身是一名退休教师，具有多年丰富的教育经验，丁老师都会耐心辅导学生做作业。中秋节，新居民管理委员会在客堂汇举办了"客堂汇里迎中秋，新老居民团圆一家亲"的茶话会，新居民在客堂汇里共庆中秋，共叙乡愁。针对新居民平时缺少文娱活动的情况，新居民委员会组织了传统点心制作、黄草编织、歌舞、书画、读书看报等活动小组，丰富了新居民的社区文娱生活，当前客堂汇已成为新老居民活动的根据地。

新居民管理委员会是一个自我教育的平台。158弄小区新老居民混居，由于地域文化的差异，语言沟通存在问题，为此常为一些鸡毛蒜皮的小事发生邻里纠纷。为加强新老居民间的沟通交流，减少不必要的矛盾，新居民管理委员会在客堂汇举行了"上海话——普通话"学习班；针对不同层次的新居民，分类开展各类培训讲座，包括"中医养生""急救常识""流动妇女生殖保健"等，共同营造"社区是我家"的和谐氛围。同时发动新居民积极参与社区组织的文艺晚会、体育比赛、岗位技能比武、书画征文等文体活动。

新居民管理委员会自成立以来，依托"新居民客堂汇"平台，开展了近百场自我教育、自我服务和自我管理活动，受益人群达千余人。包括技防监控设施扩容项目工程、小区住房墙体外排污下水管更换工作、污水纳管工程、星级文明户评定、停车场改建实施工程、枯枝落叶垃圾集中堆放点、小区道路整修及绿化补种、小区外墙涂料粉刷等，不仅推动了新居民的社区认同感，提高了他们理性商讨和自治共治的能力，同时更创新了社会管理的新途径。接下来，居委会党支部正在筹划成立新居民党支部，让新居民党员发挥党员先锋模范作用，为建设更美更好的幸福小区奋斗。

"江批"协调会

——真新街道金鼎社区

一 金鼎社区介绍

金鼎社区于2013年筹建,2010年开发,2013年社区居住房屋成形。社区共有居民1949户、常住人口5000多人,小区人员构成、社区环境、居民需求各具特色。人群主要有市区动迁导入户、本地农民动迁户和购房的新老上海人,因临近各大市场,小区里还有将近500户的出租房,居民都来自"五湖四海"。

居民孙安华所居住的金鼎社区建造于2012年,由两个自然小区组成,坐落于真新街道的西北角,地处嘉定区与普陀区交界处,紧靠曹安路商圈,与几个大型市场隔街相邻,是真新街道辖区内最新建成的高档住宅小区。小区的大门口竖立着引人注目的铜鼎雕塑,加之香樟树成荫,与小区的名称"金鼎香樟苑"相得益彰。走进小区,错落凉亭、亲水平台、木质九曲长廊映入眼帘,环境优美,非常适宜居住,还配备宽阔的活动广场和网球场。800多平方米的社区活动中心设有多功能活动室、健身房、图书室、棋牌室、电脑房、数字钢琴室、DIY创意室等，可谓软硬件齐全。

在金鼎社区，像孙安华这样，退休后把家搬到金鼎香樟苑的人还真不少。金鼎社区是一个全新的小区，软硬件配套设施完善，环境优美，社区活动更是丰富多彩。但是，让居民们最头痛的是小区的外部环境，尤其是2013年金鼎路的堵路事件，让小区居民们的怨气达到了顶点，也正是这次堵路事件激发了居民社区营造的动力。

二 社区需求——江批市场的车辆扰民

2013年6月，江桥蔬菜批发市场的车流量大，严重影响了居民的日常生活，于是就爆发了江批市场与居民之间的矛盾。居民普遍反映市场噪音严重扰民，半夜还有交通噪音，同时市场挡住了非机动车道和倒车道，严重影响了居民的日常出行。市场运载货物量较大，上海的60%以上蔬菜都在这里，一天有8000吨的蔬菜运载量。由于居民的反映，加上其他种种原因，市场现在也开始逐步减少运载，大都开始往华新（上海西郊国际贸易农业贸易中心）运送。居民对市场有一种又爱又恨的情结，爱是这里的蔬菜价格实惠，恨是这里的声音与交通严重影响了居民的日常生活。

金鼎香樟园的居民需求主要集中在以下四点。

第一，交通顺畅、环境改善。

第二，动迁户多为退休老人，他们需要丰富的业余文化生活。

第三，弱势群体需要在物质和精神上给予帮助。

第四，年轻居民和外来流动人口对社区工作内容、职责、任务不清晰，需要采取现代化的工作方式来建立平台、加强交流。

搬进新社区初期，孙安华时常感觉不习惯，以前住老公房，左邻右舍都是知根知底的老邻居，彼此邻里亲密无间，团结有爱，互相帮助。现如今新小区邻居们早出晚归，鲜少碰面。陌生的邻里关系，导致社区居民之间彼此不熟悉；认同度与凝聚力较低，导致小区居民对社区建设参与热情不高。而周边区域"群龙聚集"，小区紧靠各种专业市场，大型车辆进出造成交通堵塞、环境脏乱，严重影响了居民的日常生活。而真正打破陌生关系，让这些居民走到一起的是发生在2013年的一次大规模的堵路事件。

2013年6月的一天，小区门口的金鼎路上挤满了大型卡车和居民的小轿车，金鼎路本就是一条断头路，本来宽敞的道路被停靠在两边的各类货车挤得有些局促。上下班高峰期，货车与居民轿车窝在一起，马路就像一个停车场。被这条路堵得心慌的许多居民集体跑到小区门口道路上进行堵路，有人把自家的小轿车往路中间一停就不走了，甚至还有将残疾车停在卡车跟前的，卡车司机们也心急如风，不少司机和居民争论起来，刺耳的喇叭声和堵路居民们的怒气剑拔弩张，一度造成交通瘫痪，围观的人越来越多。

孙安华那天也在现场，她正好骑着电瓶车准备出门，看到不少堵路的还是熟识的小区居民，她心想，这样可解决不了问题，还会影响着急出门的居民。孙安华连忙给时任居委会筹备组组长蒋亚萍打了电话，第一时间赶到现场的蒋亚萍被眼前的场景吓了一跳，一边安抚居民情绪，一边给上级领导汇报。交警及时赶到迅速疏导道路，路是疏通了，堵在居民们心中的结却疏不通，花了大价钱买来的新房子，每天一出门就看到一辆又一辆的大卡车堵在家门口，实在让生活在这里的居民难以接受。根本问题该怎么解决呢？孙安华和一起堵路的居民们纷纷将问题向筹备组组长蒋亚萍反映，一定要通过合理合法的办法，共同把社区面临的最迫切的问题解决掉。

三 社区能人

1. 孙安华

孙安华，今年62岁，个子高挑，大家都喜欢叫她"长脚"。退休前做过销售，善于与人沟通。2013年1月，全家住进了金鼎香樟苑装修好的新房子，家里经济条件较好，是一位热心于社区公共事务的志愿者。2014年初，孙安华组建了社区第一支舞蹈队，最初取名"长脚舞蹈队"，后来考虑由于大部分组织成员都是草根群众，于是改名为"群群舞蹈队"，可以说这支舞蹈队是金鼎社区自治中的一支主力军。

2. 赵喜道

赵喜道是西安音乐学院的一名退休教师，擅长民族乐器、声乐、钢琴。儿子就职于上海民族乐团，赵老师退休后把家安在了上海。来到一座新的城市，性格外向的夫妻俩都希望能融入居住的小区。妻子秦宗莉热爱舞蹈，善于与人打交道，住进小区没多久就加入了孙安华的舞蹈队，与小区的居民们很快打成一片。如今，小区里无人不知赵喜道，居民们都亲切地称他"赵教授"，不仅因为他在音乐方面的专业知识，更是因为他组建了一支超过百人的三声部社区合唱团。

四 协调会组织发展过程——团结就是力量

孙安华于2012年7月买房，2013年1月入住金鼎社区，2014年初组建了舞蹈队。成立之初舞蹈队只有6个成员，现在成员人数有近20人。起初，孙安华跳的舞蹈比广场舞难度较高，有人来找孙安华组织培训大家跳舞。跳了一段时间之后，开始有其他成员找到她，并加入她的舞蹈队，如王宁，她长期参加外面的舞蹈队，现在跟着孙安华跳舞，有些成员看孙安华舞蹈功底较好，便跟着孙安华一起跳。还有几个零基础的成员听到音乐也开始加入舞蹈队，如丁卫平。舞蹈队开始成形，中间有成员退出，也有成员加入，像丁卫平和张春华等一直是团队的固定成员。舞蹈队的组织队长和副队长通过与居委会共同商议而成，孙安华是舞蹈队的队长，王宁是副队长。后来由于种种原因，副队长王宁离开，经与居委会共同商讨后，王宁和居委会一致认为让丁卫平当副队长。由于舞蹈音响较小，组织成员主动提出共同出资买音响等设备，起初几个月按每人5元的标准收费，由王宁统一负责管理资金，后来由于王宁生病，都是由孙安华自己负责管理。从2013年7月至今，舞蹈队大概只交了半年的费用，之后便不再收费。社区其他组织如楼上合唱团和外面的广场舞都是需要收取一定费用的。当团队有矛盾时，大部分都是孙安华在协调，最初舞蹈队有两位成员发生争吵，孙安华便找社区书记协调。孙安华平常除带领这支舞蹈队之外，还参加了真新街道的健身舞。

2013年4月，金鼎社区筹备组进驻的第二个月，就碰到了居民堵路的麻烦事。蒋亚萍不断地和居民沟通协调的同时，心有疑虑地拨通了与小区仅一街之隔的江桥蔬菜批发市场的电话。江桥蔬菜批发市场是一家市属企业，上海蔬菜集团有限公司的全资子公司，占地20万平方米，承担上海蔬菜供应量的60%以上，是保障全上海市民的菜篮子工程。蒋亚萍焦虑的是，一边是最基层的社区，另一边是市国资委下属企业，人家会不会搭架子呢？

令人意外的是，这件事情很快得到市场领导的响应，上海蔬菜集团董事长王永芳带着市场的法律顾问亲自参加了街道牵头的协调会，和小区居民第一次面对面交流。参会各方还有开发商、社区科、市政科、综治办（平安办）、信访办、派出所、交警大队等相关职能科室。协调会上，各方表达了自己的看法和诉求，怒气冲冲的居民态度强硬，要求市场尽快解决棘手的交通问题，不然就要上访；而市场也有难处，小区建房规划时，市场已存在十多年，不能将全部责任推卸到市场；开发商则辩解，小区的规划方案通过政府审核验收，是合法合规的。有所欠缺的是，开发商只考虑到金鼎路上普遍的交通状况，本以为四条车道足够应对，而未充分考虑周边有上海最大的蔬菜批发市场，可能会带来交通堵塞。居委会也有难处，如果是小区内部的事务，是可以想办法去协调的，但是这件事发生在小区外面，对居委会来说是心有余而力不足。

　　这新老邻居的第一次交道火药味多了点，可俗话说得好，不打不相识。最终在街道的协调下，市场表明了自己的立场，希望努力减少扰民情况，也制定了详细的整改措施，这样的态度让居民们的怨气有所缓和。

　　接下去的一周，江桥蔬菜批发市场开始积极行动起来，他们首先将堵路的居民们请进市场里，直观地了解市场内部运营流程。大家来到蔬菜批发市场，在集中监控室里能清楚看到卸货的卡车于每天清晨6:00～7:30依次进场检验，此时正是小区居民早起上班的时间，而市场有规定，上午8:00以后卸货车辆只出不进，到晚上9:00之后市场会对所有车辆进行清场，不会有一辆滞留的卡车。参观结束，居民们深刻感受到市场在管理中实际上已经考虑到了周边群众的利益，而并不像一些居民原先所想的那样。不少卡车离开市场后没有及时驶离金鼎路，造成交通堵塞，市场方面也很难控制。

　　随后，市场在减缓交通拥堵方面的举措越来越多：道路上增派了更多的疏导员；向卡车驾驶员发放规范操作的宣传单；原本单道进入市场改为双道进入，增加了流通性。

　　金鼎香樟苑和江批的协调会此后也召开了多次会议，主要是预测未来一段时间可能会发生的拥堵（如年末或节日等时间点，有更多的车辆密集进出），市场方的人会提前来到社区协商解决办法，争取社区居民的理解。每次参加协调会前，孙安华和其他几位骨干会及时收集小区居民的意见，面对情绪激动的居民，孙安华和一起参加协调会的骨干都会说："遇到问题确实很心烦，但是吵是解决不了问题的，大家应该感到欣慰，有这么一个平台能够让我们心平气和提意见，一起出谋划策，想整改方案。市场能走进社区听取居民意见，说明还是很信任居民的。"协调会没有出现过吵吵闹闹的情况，通过这种融洽的沟通协调方式，市场拥堵的情况有所缓解，对居民生活的干扰也有所降低。

很多居民看到交通得到了较大的改善，知道孙安华积极参与了协调会，都来找她询问情况。孙安华自己都没想到，因为这个事件，小区居民都认识了她。她心里明白，很多居民对自己非常信任，她的一言一行会起到一定的引导作用，所以她一方面把看到的和了解的情况都一五一十地传达给小区居民，另一方面为市场做正面积极的宣传，希望大家能谅解市场的难处。还有很多居民希望孙安华能把他们的意见带到协调会上，大家都为了一个共同的目标出谋出力。

舞蹈队的十多位成员在社区遇到矛盾需要沟通协商的过程中起到了重要的作用，她们分散在小区的各个楼栋里，平日里能收集到很多居民反映的问题，长期于此，一方面市场外部的问题得到了解决，另一方面一些内部问题也通过居民自发组织的议事会顺利地解决了。副队长张春华是一名党员，来找她反映情况的居民渐渐把她家当成了议事的据点，有时候大家会约好时间一起到她家聊聊小区里发生的新鲜事。因为没有太多条条框框的限制，大家畅所欲言，张春华细心地把需要社区层面解决的问题记录下来，反映到社区组织的协调会上，等到下一次议事的时候再反馈给大家，形成了良性循环的小区议事模式。正是通过这种沟通协商的方式，居民自治解决社区面临的一些主要矛盾，从而形成了社区居民参与社区自治的雏形。

舞蹈队有稳定队员，通常主要参加比赛和义演，舞蹈队经常需要排练，稳定参与的成员有七八个，有些成员只是偶尔空闲出来跳。比赛成员大部分都是来自本社区的居民，如果比赛成员不够人数则请外面的朋友帮忙凑数。组织成员的出勤工作主要是由居委会楼组长负责，之前是由孙安华负责，并且还建立了一个群群舞蹈队微信群。

孙安华对于舞蹈队要求比较严格，做事认真，她不要求自己的团队一定得第一名，但希望最起码能入围。通常团队内部的矛盾与冲突主要发生在比赛阶段，比赛排练时，孙安华要求较高，希望组织成员能够多加练习，个别成员生气不来了，这时候孙安华就得自己找外面的成员替补，比赛通常需要8或12人。

因此有时候管理成员方面比较严厉，时常会得罪人，有些组织成员会在背后议论孙安华。而副队长张春华，对舞蹈队获奖与否较淡泊，由于性格温和怕得罪人，对于组织内部的矛盾协调并没有起到太大的作用。孙安华带了团队4年，没有一次被真新街道淘汰。现在的舞蹈队不如以前团结了，大家的凝聚力和向心力不足。街道非常重视舞蹈队，街道举办义卖活动时舞蹈队都会助阵表演，街道社区科也时常请舞蹈队去义演，一般集中在七八个稳定成员。

真新街道的舞蹈比赛后，孙安华的团队得了二等奖，发了2300元，其中500元作为团队购买服装的经费，其他1800元需要发给队员。而这次居委会只将800元发给孙安华，将1000元扣除。团队里的王宁从另一个社区知道他们三等奖团队 8 人，每位成员发了 150 元，有 1200 元，对二等奖只有 100 元不满，便向副队长张春华反映，而张春华在没有与孙安华沟通的情况下，便向社区书记反映，书记对张春华也很不满。由此可见，舞蹈队内部存在成员凝聚力不强、成员之间关系紧张的问题。

五 认同与融入——舞蹈让我们成为一家人

孙安华曾获得过上海市"三八红旗手"称号，在住进金鼎香樟苑以前，从未接触过舞蹈，也从未想过自己会成为舞蹈队队长。通过与江桥蔬菜批发市场的协调工作逐渐认识到自己有能力去影响和改变身边的人，后来她自学舞蹈，带领舞蹈队的队员们参加比赛，舞蹈队 2013 年以来一直得奖，2014 年获得二等奖，2015 年获得二等奖，在真新街道比赛中获得一等奖。

舞蹈队获奖，舞蹈跳得好的成员有认同感，而舞蹈跳得一般的成员并没有认同感，感觉跳舞无论在哪里跳都可以。真新街道对舞蹈队是有评价的，孙安华很在乎这些评价，希望别人认可舞蹈队，同时鼓励舞蹈队的队员们加入社区自治的队伍。

以往的社区工作开展往往是居委会要居民做什么，居民做什么。而在社区自治的工作中，居民们挖掘自身的潜力，通过"我想要做什么"来实现自我服务、自我提升的目标。只有居民对社区有了认同感，把社区当成自己的家，才能更好地融入社区。每个人的价值取向不同，要把一整个小区的居民拧在一起不是件容易的事，矛盾与利益冲突的化解成了邻里自治、增进关系的特殊渠道。社区福利是自治工作的最大功能，也是居住在同一个区域里的居民共同追求的目标。这种福利可以是化解共同关注的问题，也可以是给予生活上的便利。基于自我认可和对社区的认可，居民们会通过多种渠道、多种方式参与和了解社区工作，比如年轻居民自发组建了业主微信群、QQ群，通过信息化的模式参与社区自治。

人最大的特点是群居，一群人居住在一起就是一个社区，在一个群体中自然而然会形成一种共识与制度，当其他人想要融入这个群体时，必然要遵循其中的制度和规则。

起初舞蹈团队内还没有具体的规范和规矩，孙立华想过，但没有执行，当初的情况是80%的成员只想通过舞蹈达到健身的目的，有很多成员不愿参与比赛为居委会争光。

如何与市场谈判规则？谁去谈判？以舞蹈队为中心，强调孙安华在这里的作用，代表居民去说服居民。那么如何谈判？如何反馈给居民，让大家能接受？这些都是关键问题。

六 叶茂荫比邻——从舞蹈队到江批协调会

从最初参与社区与企业的协调小组，到如今成为小区自治骨干力量，孙安华深感这一路走来的艰辛。舞蹈队就是每个社区文体团队的标配，能够将一支舞蹈队管理有序，并且有稳定的队员，参加各类比赛和演出都能拿奖，对于一个组织管理者和团队来说都不是一件容易的事。成立"群群舞蹈队"是孙安华最骄傲的事，这支舞蹈队就像自己的孩子一样，从襁褓中嗷嗷待哺到如今长大成人，孙安华付出了常人难以想象的心血。没有舞蹈基础的孙安华，每天看视频自学舞蹈，把从老年大学里学到的新动作和队员们分享，一开始只有四五个人在小区花园练舞，孙安华一个动作一个动作耐心地教给队员们，后来又吸引了不少对舞蹈同样感兴趣的居民。队员逐渐增加，于是练舞的场地成了问题。当时居委会还没成立的时候，由于没有活动场地，无论严寒酷暑，舞蹈队都在小区地下停车库进行舞蹈排练，坚持了近两年，其中的艰辛只有队员们自己知道。这两年中，舞蹈队里有人退出有人加入，有些成员由于个别舞蹈难度较大所以经常缺席排练。队长孙安华担心整个队伍如果只有她一个核心领导者，其他组织成员没有责任心，很难出成绩且可持续发展能力不强。于是孙安华开始进行职责分工，成员共同商议谁来做副队长、谁管设备、谁负责服装等，舞蹈队发展得有模有样。她始终认为，一个团队能否持久走下去关键看两个因素，一是自我服务的意识，二是约束力。

舞蹈队成立近5年来，一次次的演出表演提升了团队的舞蹈技能，增强了团队的凝聚力。这几年来舞蹈队也在慢慢地扩大队伍，从一开始的6名队员，到后来将近20名队员。这支舞蹈队5年走来不容易，舞蹈队参加街道比赛，每次都能进入决赛，这让队员们信心满满。

2014年初，舞蹈队成立初期，正是居委会筹备最困难的时候，居委会正愁物色不到合适的楼组长，孙安华和舞蹈队的队员们自告奋勇做起了楼组长，如今近20名队员里，一半以上都是楼组长。因为在街道各类比赛中经常拿名次，"群群舞蹈队"的名气越来越大，街道的睦邻节、公益演出场场都能看到孙安华和队员们的身影。

舞蹈队的成员秦宗莉来自西安，她的老伴赵喜道是西安音乐学院退休教师，赵老师于2014年底退休后随子女定居上海。夫妻俩热衷参加居委会举办的文娱活动，也常常邀请舞蹈队队员们到家里聊家常、包饺子。赵老师精通钢琴、民族乐器，大家经常聚在他家里弹琴、唱歌。赵老师发现许多邻居爱好唱歌，但是小区里又没有专业的声乐指导老师，于是他就想成立一支合唱队。当他把这个想法和邻居说了之后，大家纷纷拍手叫好，于是与居委会商量后开始招募学员。爱好声乐的黄金仙阿姨主动承担起合唱队领队一职，他们自己在小区张贴招募启事，还进行了面试，将队员们分成三个声部。对声乐基础薄弱的队员，赵老师耐心教学，严格制定团队规章制度，如请假、出勤制度等。从一开始的20个成员，到2017年初，合唱队已发展到100多人，通过日常声乐排练，打破成员之间的陌生，拉近成员之间的距离，加强成员之间的互动，提升合唱队组织凝集力，使成员热爱社区这个大家庭。这支训练有素的合唱队有完善的自我管理体制，从招募、面试、声部分类、排练、演出都有自己的一套标准流程，除了授课的赵喜道，还设有指导员、指挥、财务、采购员等精细化的组织成员和团队管理结构，这是一支完全脱离传统、依托居委会成立的文体团队。另外，合唱队的队员每月需要交纳一定的会费，用于印制歌谱、租赁演出服装等。为庆祝春节，合唱队举办了一场大型"春晚"，14个精彩的节目经过海选最后脱颖而出。合唱团的表演展现的不仅是个人风采,同时也是一支团体蓬勃发展的风采,同时将演出视频制作成数字相册送给每一位队员,专业程度已非一般社区合唱队所及。

随着金鼎香樟苑二期600多户居民的入住,小区的住户呈现多元化趋势,有市区动迁导入户、本地村民动迁户和大部分的新上海人。在香樟苑一期居民投身到小区自治热潮中时,二期的本地阿姨们内心也跃跃欲试。年近60岁的张玉英是金鼎香樟苑二期的本地动迁导入户,和她一样从栅桥村动迁的村民一共有300户,因动迁分房,她们的多余房屋都租给了附近市场的打工者,个个做起了"包租婆"。这些原村民虽文化程度不高,但勤劳朴实。与市区居民相比,他们有一个显著特点,是喜欢群居式的生活,老年人扎堆在一起聊天喝茶,保持着一些传统的生活习俗,同时乐于参与社区活动,待人亲切友好。张玉英在本地居民中有一定的组织协调力和号召力,她组建了一支成员全部是村民的舞蹈队,原先手持农具辛苦劳作的双手,现在拿起了扇子翩翩起舞,其乐融融。像张阿姨这样的本地村民虽然对社区自治没有任何经验,但通过自己的号召力发动村民们与出租屋内的新上海人手拉手结对,开展了反响热烈的"家乡菜美食汇"活动,每位本地阿姨牵手一位自己楼道内的新上海人,为大家展示自己的拿手菜。新居民们为了给家人创造更好的生活环境,每天忙碌工作,辛苦养家,而回到家吃上一口热乎乎的家乡菜是他们对故乡的一份温暖的牵挂,也是招待贵客的一份情谊。而本地阿姨们烹制的上海本帮菜,浓油赤酱、醇厚鲜美,让新居民们品尝到了正宗的江南风味。对于美食的追求不分地域，看似只是简单的交流烹饪技巧，背后却是居民与居民之间心与心的沟通与交流。一道道普通的家常菜，满足了味蕾，也温暖了新居民们的心。动迁村民们用自己的热情和智慧在社区营造这条路上收获满满。

七 议事、互惠、共建、声誉——江批协调会动起来

2013 年 4 月 16 日居委会筹备组进来，6 月就发生一起事件围堵事件。现场有十多个人，交通拥堵引起居民的矛盾与纠纷。这些居民将金鼎路上的通道堵塞，让进入菜场的车辆无法通行，双方发生激烈的争吵。城管和民警听闻后，纷纷前来处理，居委会加入其中进行劝说。社区中的热心志愿者孙安华看到争吵的人群中也有自己组织的舞蹈队的成员，便从楼上下来劝架，由于她组织能力与安抚人心能力强，她与街道的领导沟通，又通过街道找到了当时菜场的董事长王永芳。

在围堵事件发生一周后，由街道牵头，召开了一次协调会，参与各方包括居委会、居民、江批市场（董事长和法律顾问）、街道社区科、市政科、综治办（平安办）、信访办、派出所、房屋开发商（小区道路由他们建设，开发商办公点设在小区）、山桥村书记。各方就这一矛盾表达自己的看法和诉求，发生了激烈的争论，而街道各部门从中协调。市场一方认为自己是先到，十多年前，这里还只有农田时就在这里了，而开发商在此建房规划时，就应该考虑到实际的车流量的问题，把交通（人流和车流）考虑在内，这并不是先到者的责任。

而且市场一方在此之前，还邀请居民参观了市场内的运作流程，车辆在6点钟进去，6:00~7:30要检查，因为这个时候居民都起来，早上8:00之后装菜的车只许出不许进，晚上9:00之后所有在小区的车必须出来，否则会影响居民日常休息。这种参观使居民相信市场在实际管理过程中考虑到了周边群众的利益，而并不像一些群众之前误解的那样。开发商当时还未完全撤出，在小区内还有办公室，他们指出自己的规划方案是通过了政府审核验且合法合规的，但当时只考虑到了金鼎路上普通的交通状况，认为4条车道足够应对，而未充分考虑旁边菜场所带来的一些交通隐患。同时政府也从中沟通协调，居委会也在会上表达自己工作和居民所面临的实际困难。作为问题源头的市场一方也表明了尽力减少扰民的态度。这样的协调会主要是沟通协调，各方将各自的诉求与工作开展的实际情况做一个沟通交流，通过各方与居民之间的沟通交流，在此基础上建立基本的信任和合作。

在这次协调会后，菜场实施了诸多举措减缓交通拥堵的情况，如增派道路的疏导员，规范驾驶员的操作，由单道进入改为双向进入。此后类似的协调会也召开了多次，但规模稍小，街道的机关基本不必参与，主要是预测未来一段时间可能会发生的拥堵（如年末或节日等时间点，菜场将会更多的车辆密集进出），市场和居委会提前协商解决办法，也积极争取社区居民的理解，并提醒居民合理安排出行时间。居民代表或楼组长会将这些消息传达到每户人家。通过这种沟通和协调，拥堵的情况会有所缓解，对居民生活的干扰也有所降低。

后来居委会带头组织成立协调会，有些驾驶员不讲道理，依然扰民。居委会直接打电话给江桥批发市场的党委书记，安排工作人员疏导交通。孙安华和市场的党委书记多次沟通，后来2013年下半年孙安华说社区有困难，如经济上的困难，市场就提供一些资源给居民享用，后来有平价蔬菜进社区，让居民看到诚意，感受到企业也是服务居民的。办公室所有人员（下面员工不用）到1期设摊，街道让居委会积极搞党建、共建、联建，开始社区书记没有想到，后来想到市场，打电话给江桥批发市场的董事长，找他们搞共建，董事长一口答应，有什么困难找他们。他说根据居委会的要求来具体策划，市场全力配合，后来街道领导也参加，各方代表如党员代表、残疾人代表、学生代表、困难户代表、楼组长代表也参与其中，在签约仪式上，还有王永芳董事长给小朋友赠书、居委会给市场职工赠书等环节。

企业年庆邀请社区文体团队去表演，通过多次互动，居民成为亲邻。江批有很多员工住在这里，同时还有外来人员租房、生孩子办生育卡等。现在开会，时常邀请专家为社区居民讲解食品安全问题。居民之间经过多次交流互动，逐步建构了信任关系。

4年前，社区与周边的市场还很陌生，甚至矛盾不断；如今，大家已亲如一家。江桥蔬菜批发市场领导与像孙安华这些协调会的骨干们早已熟识，经常会来到居民家中，听取大家对市场管理的建议，而在社区文化活动中，都能见到市场职工的身影。居民与市场的紧密度拉近了，抱怨声少了，大家常常挂在嘴边的一句话是，这么关心群众事，听取群众意见，倾听群众呼声的大企业真的让人佩服。堵路是一次突发事件，有其偶然性，也有必然性，折射出本地区居民共同的利益诉求,通过协商自治达到利益平衡之后,这个过程必然会形成符合小区特点的自治理机制。

1. 居民议事机制:"金鼎议家"

孙安华的家中挂上了"金鼎议家"的条幅,代表着这是一个居民议事的重要据点。每个月都有固定的议事时间,邻居们三三两两来到"金鼎议家",喜欢热闹的孙安华招呼大家围坐在客厅,首先她会给新加入的居民介绍议事会的规则,其次组织各个成员共同商讨社区面临的问题,社区成员们不仅要共同商讨提出建议,同时也要共同想出解决的办法。自治管理就是要有自己管理好小区的意识,如果自治管理连这点自治意识都没有,那是难以管理和要求组织成员的。孙安华说:"如今社会多的是键盘侠,只会动动嘴,道德绑架他人,但是观念的改变是最直观的效果,如今很多居民知道问题是什么,自己要做什么,如何解决问题,通过这个过程中享受自治带来的成效。"

2. 互惠机制:"平价蔬菜进社区"

在处理居民矛盾争议较多的交通问题上,社区与江桥蔬菜批发市场首次联合沟通协调,就携手社区共建平台达成共识,拉近了新老邻居的距离,增进了新老邻居的关系,提升了社区新老邻居的凝聚力,在多次协调讨论之后,双方于2014年6月结对共建,明确项目化结对的具体举措,努力开创"居企共建、互利共赢"的新局面。在多次协调讨论之后,江桥蔬菜批发市场十分重视金鼎社区居民们的意见,一个个意见被讨论采纳,一个个民生问题在共建的平台上得以解决,曾经的矛盾与利益冲突的化解都成了邻里共治、增进关系的特殊渠道。一边是最基层的社区，一边是市国资委下属企业，为达到共建共治的目标，大手牵小手，两个不同的单位共同促成社区融合的和谐氛围。双方共同开展居市结对共建，推出"平价蔬菜进社区"集中服务活动，不仅让居民得到了实惠，看到市场保民生的重要社会责任，而且共同形成了聚焦社区难点的服务成效。

让百姓得实惠是金鼎社区与批发市场共建的目标。自2014年共建以来，批发市场在每个季度的最后一个月将2吨平价菜送到小区，让居民自由选购，平价菜不仅新鲜，而且菜价仅为市场价的2/3。曾经让居民又爱又恨的市场渐渐变得亲切起来。这进一步提升了居民之间、居民与市场之间的凝聚力，原本互不相识的邻居变成熟悉的朋友，原来不关联的企业和社区为家园共治目标共同努力。

3. 共建机制：服务联做、治安联防、文化联欢

（1）服务联做，区域资源共享。金鼎香樟苑一期和二期内住着不少江批职工和商户，存在许多租房、办理居住证、子女入学、流动人口婚育等实际问题，需要社区提供支持和帮助，社区建立了一条绿色服务通道，保持与江批的经常性沟通，为居住在社区的江批职工和商户提供便利的服务。

（2）治安联防，平安建设共促。针对市场周边治安环境较复杂的特点，社区居民自发定期开展志愿者服务活动，由社区志愿者和市场志愿者共同参与群防群治。在交通繁忙的时段，小区居民会自发分时段参与路口交通疏导，得到了市场方面的认可与称赞。

（3）文化联欢，文明和谐共创。企业文化与社区文化相互融合的切入点，是社区居民自发组织的文体团队在共建活动中能够一展风采。在2014年光明集团企业年会的文化日活动中，孙安华带领舞蹈队为江桥蔬菜批发市场全体员工表演了精彩的蒙古舞，获得了一致好评。社区有丰富多彩的群众性文化活动，江批职工被邀请参加社区文化活动，在社区这个平台上展示一技之长，增进居民与企业的文化融通。

社区在发动居民参与自治管理也下了不少工夫，社区居民邻里之间陌生、关系淡漠，如何拉近邻里关系，将来自五湖四海的居民们聚拢到一起为社区添光增彩？社区根据自身特点和条件，实施"家"的三部曲行动，在居民中培养家园意识的同时，吸纳区域单位参与社区治理，构建新型区域邻里关系。通过居民协调会，社区一直坚持与市场的沟通与协调。市场方面会根据居民的需求进行活动策划，考虑到小区居民喜欢唱唱跳跳，在江桥批发市场的大型活动室组织了好几场活动，党员代表、残疾人代表、学生代表、困难户代表、楼组长代表等都参与其中，其中还有上海蔬菜集团董事长给社区小朋友赠书、社区居民委员会给市场职工赠书等形式。

4. 声誉机制

在开展社区自治过程中，也经历了遭受质疑的情况，目前组织开展的几个自治团队中，有些是需要收费的，而有些是免费的，每一个小团体都有自己的自治管理制度。对于一个团队，与自治管理制度同样重要的是建立声誉机制。比如孙安华的舞蹈队，虽然是免费的，但在招募队员和日常训练环节要求比较严格，团队通过参加比赛获得荣誉提升团队的知名度，而获得的奖金也可以维持团队的日常管理。除了居民的自治声誉机制，另一方的江桥蔬菜批发市场同样也需要维护自身的声誉。在居民议事会上，有不少居民提出如今买菜都犯了难，一些菜有农药，有些菜加了添加剂，老百姓的菜篮子都不保险了。这些问题通过协调会上的讨论，都得到了市场方面的重视。市场通常还会请专业的科研人员，通过开办视频讲座为小区居民讲解食品安全问题，例如如何看待转基因食品、如何挑选蔬果等主题，每次讲座结束，居民们会把最近比较关心的问题列下来，期待下一次的讲座请教专家。上海蔬菜集团在青浦的国际农贸交易中心是未来江桥批发蔬菜市场搬迁地，市场多次组织了社区居民参观青浦基地，上海蔬菜集团董事长王永芳每次都会亲自接待金鼎社区的居民，一方面让居民了解农贸商品进出口流程，另一方面也让居民充分了解食品安全的相关知识和问题。

结　语

一　社区营造的不同阶段

社区营造作为一个自组织的过程，不同要素在其发展中有着不同的作用，在这些要素的推动下，不同案例中的社区营造呈现不同的样态，也使其发展到不同的阶段。下文将以四个社区自组织的案例来分析自组织的这些要素在其中发挥的作用。这些处于不同阶段的社区营造的故事，也为我们开展下一步的工作提供诸多有益的启示。

（一）丁阿姨工作室

丁阿姨工作室是从一个睦邻点发展起来的。2013 年，徐行镇结合本地特色形成了自己的品牌——"客堂汇"，主要由居民将自己家里招待客人的地方"客堂"腾出来，为居民提供服务和活动，丁阿姨也主动提供了自家的客堂开展一些睦邻活动。由于本镇有很多的工厂，大量外地人来这里务工，丁阿姨所在的 158 弄便有很多外地的租户，服务外地人也便成了这个客堂汇的重点工作。在暑假时，有很多外地人的小孩儿从老家赶到这里来与父母相聚，而他们的父母仍然要上班，并没有时间来照看他们。曾经有一个小孩儿没有带钥匙，便在楼下等着家人，丁阿姨将这个小孩儿引到客堂汇来做作业，并给予学习上的指导，因为她曾是小学语文老师。在此之后，丁阿姨工作室便运作起来，主要是为外地人的小孩服务，客堂汇可以为他们提供一个空间。客堂汇对小朋友的服务，尤其是联合本地人来对小朋友进行照顾，使来这里打工的外地人在上班时免去后顾之忧，使他们能感受到本地人带来的温暖，也建立起了对本地人的信任，增加了他们来参与活动的可能性。

以丁阿姨工作室为基础，丁阿姨动员了社区里的几位阿姨，包括本地的阿姨和外地来打工的年轻女孩儿，大家形成了一个小团队，开始为社区开展一些服务，举办一些活动，主要是为外来打工者和外地来的孩子服务。这其中一个外地人便是因自己的小孩儿被丁阿姨照顾过，才了解到客堂汇，信任客堂汇，后来自然积极地参与其中。暑假时丁阿姨会和团队成员一起教小朋友做黄草编织，这是用本地产的黄草做成各种各样的工艺品，学习这些也是让小朋友更加了解这里的文化。小朋友还被带到农耕文化基地、消防训练基地，能开阔视野。

团队规模较小，在活动规模稍大时，要临时动员更多的阿姨参与进来，但这些人并不是团队中十分稳定的成员。丁阿姨也想将团队规模扩大一些，这样她便不用太吃力，却一直难以找到吸引更多人关注的点。在自组织发展的初期，自组织的成本往往大于自组织的收益，需要自组织的能人付出更多，在维持团队的运转，吸引更多的人加入后自组织开始形成关键群体。当自组织达到一定规模，自组织的收益能够覆盖成本的时候，自组织便能扩张，更多人加入，团队也开始做更多事。丁阿姨工作室一直维持目前的规模，一个原因是自组织为社区提供了很多服务，更多依靠自身的热心，虽然也获得一些荣誉，得到了大家的认可，但对于试图加入的人而言，成本与收益之间的计算使他们对丁阿姨工作室望而却步。因此，丁阿姨工作室一直受限于目前的规模，难以发展出成熟的治理机制。

（二）危房改造项目

绿苑社区的绿叶小区在嘉定区安亭镇，原本是水产村，居民都是原来生活在水上的渔民。在改革开放前政府便动员在陆地上建房定居，后来在 1980 年代之后因人口增多，又陆续建房。但最初的老房子仍然被保留，在经历岁月冲刷之后，房屋渐已不适合居住，在每年台风季节，仍在里面居住的人要搬到宾馆，因为房子真的有可能在大雨大风的时候坍塌，造成生命和财产损失。居民也都有改造或重建房屋的意愿，基于此形成了共同愿景，也形成了水产村当下的认同。进入新世纪，水产村被托管到黄沈村时便已经提出了改造的方案，但由于当时的方案提出将现有房屋拆掉，建成 2 栋商品房，以接近成本价的方式让居民购买入住，便会产生在入住的人进入后还有多余的房间的问题。在分配方案上大家达不成共识，关于是本来在里面入住的人优先购买，还是水产村的居民全部购买入住，这两种方案都得不到大家的一致同意，改造的方案最终流产。

在2012年水产村合并到绿苑社区，成为绿叶小区后，危房改造的事宜再次被提上日程。水产村的能人许秋芳阿姨和社区居委会一起在村庄内动员，由于原来在水产村大家一起生活，相当于一个熟人社区，而许秋芳阿姨也在本村内，居民自然也都非常信任她。经过多方了解信息之后，大家判断，危房必须改造，居民的呼声很高，但原来重建的方案不可取，最后经过商议暂定了原拆原建的方案。暂定这个方案之后，许秋芳等人又通过分批将居民召集起来开会的方式，听取他们的意见，因为不同的群体利益诉求不同，如住在老房子的人、占了老房子不住的人、没有占到老房子的人，如果把他们放到一起来开会，则根本无法听到真正理性的声音。同时，许秋芳等人也经常到水产村去入户了解情况，小区入口处有一个小商店，很多居民都会在这儿落脚，因此这里也是水产村的信息集散地，通过在这里与居民沟通，能够达到向居民解释方案并进一步收集居民意见的效果。水产村还有一些志愿者也被许秋芳动员起来，通过他们来解释方案，对一些不好做工作的居民，也请他们先上门来做工作。经过反复商议、修正，形成了大家整体满意的方案。

具体处置方案是：（1）修缮后的房屋以租用的形式出租给本村房屋紧缺的居民，房租为每月400元，并签订租房协议。（2）租金用于水产村社区建设和社会管理。（3）改建后房屋由原先46户住户优先租用，房屋系生活用房，只限租用人本人及其配偶居住，不得作他用，不得转租。（4）若出现以下情况将收回房屋：第一，租用人不再租用，其子女占用房屋；第二，租用人名下有自购房用于出租；第三，租用人有其他占用的集体房屋；第四，租用房屋有违章搭建。房屋处置方案通过了，但由于修缮后的房屋出租给本村房屋紧缺的居民，不仅涉及原先居住在4幢危房中的居民，也涉及除此以外的其他居民。所以，"危房改建议事会"在确认通过的房屋处置方案后，将此方案公布于众。

　　方案决定之后，房屋拆迁重建的工作是通过招投标的方式请来工程队，在工程实施过程中，居民一起来监督工程的实施，因为这与他们未来的切身利益相关。在房屋建好后，便有很多人找到许秋芳，秋芳觉得还是要发挥他们队伍的作用，晓之以理、动之以情，对这些心里面有想法的居民进行上门劝说，通过这种方式，大家更加清楚地认识到这次改造的房子主要是针对房屋紧缺的居民，而不是全部居民，方案的设置将一些并不需要的人排除出去。但严格来讲，他们也只是暂时不需要，这在以后也是他们可以获得的利益，因此他们非常积极地维护现在制定的规则。房子建好后，有人入住了，水产村的监督也即开始，任何违反用房规则的现象都能很快在居民之间传播并引起他人的指责，居委会也会很快介入处理。在考虑到实质公平基础上的均分和良好的监督机制使自组织获得良好的治理。

　　这是一个自组织运作和建立自治理机制很成功的案例，但其止于形成小团体的阶段，一方面参与的户数有限，不可能扩大到很多人，另一方面房改是单一事件，后续的集体行动并不多，所以能人许秋芳组织起来的小团体中就处理得很好，自组织的发育就没有超越小团体阶段，进一步扩大会员和建立长效的治理机制。

（三）绿色基金

江桥镇江安社区的绿色基金是在环保护绿队的基础上发展起来的。之所以会形成环保护绿队和绿色基金，主要是因为作为老旧小区的江安社区一直面临着绿化问题，老旧小区的物业费较少，物业公司无力投入更多经费解决绿化问题，绿化问题主要是被破坏的草坪和绿植的维护问题，居委会也没有多余的经费来处理这些原本由物业承担的工作，而社区居民对这方面的改善非常迫切，便自己行动起来解决。

2014年武泽民等几个热心的居民响应社区居委会关于共绿共享的号召，在自己的楼下空地上开始种植一些花草，自己打理，为社区增添了一道道靓丽的风景。后来小区又有几位居民被他们的行动所吸引，加入到这个队伍中来。他们通过自己的行动为小区增添更多的绿色，也引起了大家的关注。在2015年底的志愿者大会上，社区书记提出一个倡议，社区居民捐钱来做绿化，这个主意很快得到居民的支持，其中就有社区能人季莎莎。她提出了绿色基金的建议，即在社区里募捐，将筹来的钱组成一个基金，并在社区发展一个团队，来管理使用这个基金，为社区的绿化事业做一份贡献，这样每个人都在出力，也能提高社区居民的参与感。这个建议很快便得到采纳，2016年1月19日，社区举行了启动仪式，大家的绿化大家做。

在绿色基金成立之后，在季莎莎和社区书记的动员下，形成新的

　　绿色基金团队，一个自组织最终形成。在社区书记的经验中，涉及资金管理，必然要有对使用者的监督，因此绿色基金的团队分成两个小组，即工作组和监督组，资金募集上来之后，由绿色基金的团队共同管理。由于没有注册成正式机构，基金无法以机构的名义来开户，团队将基金存入一个成员新开的账户上，并由大家共同管理。监督组主要负责基金的保管和使用等环节的监督问题。对于资金的使用，由几个成员一同去才能取钱，工作组去买东西时，也本着节约经费的原则，要走过好多个市场货比三家之后，才决定购买。团队成员对每项基金使用做到开具符合要求票证、物品齐全、数目准确、账目清楚，并检查核对。这是自组织发展到更高阶段后出现的监督机制，是自治理机制的一部分。

　　绿色基金在一个小区先做示范，鼓励居民更多地参与到社区的绿化中来。但也有一些人会有搭便车的行为，将公共场所的花搬到自己家中，针对这种行为，绿色基金的团队成员也有自己的办法，更多的时候并不直接指出，在发现后，便在其楼下吆喝，"谁拿走了楼下的绿植，拿出来大家一起欣赏，不要一个人在家欣赏嘛"。通过这种不点名的方式来应对这些搭便车的人，大部分人会在晚上偷偷将拿走的绿植送回来。

　　随着活动逐步开展和深入，绿色基金的影响逐步扩大，有更多的人和组织参与进来，社区中的其他团队也与绿色基金的人一起工作，跟大家一起在小区里撒草籽、种花、栽树。这样绿色基金实际上已经成为整个社区的居民一起参与的一个团队，而不仅仅是工作组和监督组团队，只是他们在实际中发挥着管理团队资金、购置相关物品、为大家安排活动等作用，也即一个管理层。参与绿色基金活动的一个重要团队是沁园书画社，他们平时参与劳动，同时也发挥自己所长，在绿色基金得到其他单位的重要支持时，沁园书画社便会以一幅字画回馈对方，他们还在社区举办空白墙面的涂鸦，指导小朋友来画画，他们为宣传绿色基金，使其为更多人知晓，做了很多工作。绿色基金正在整合不同的社区社会组织进来，因为理念鲜明，所以加入的会员逐渐增多，并初步形成了一些自治理机制，比如基金管理与监督机制，这些机制仍在完善之中。

（四）皇马骑游队

陆家社区的皇马小区属于新建小区，居委会都成立不久，居民之间也不是很熟悉。丁炳泉是一位退休的大伯，热爱运动，对各类运动形式也都非常擅长，经常动员小区的宅老（他对宅在家里不肯出来的老人的称呼）走出家门运动，走向更健康的生活。他每天早上都要在小区内晨练，在这个散步过程中便结识了一些爱好运动的老人，大家一起交流。后来他提出更加有趣的运动方式——骑游，这样大家可以走出小区，看到外面的风景，同时还能锻炼身体，他的提议很快便得到了大家的响应。一支皇马骑游队的雏形很快便出现了。

最开始只有七八个人，在后续的活动中，居委会帮忙宣传，这支团队逐渐为更多人所知晓，很快便有更多人找到老丁来报名。在组织规模迅速扩大的情况下，管理经验丰富的丁伯便开始考虑自组织规范的建立了。一支老年队伍在大路上骑行，如果不管理好，便会出现很大的危险。老丁便根据自己的经验，拟订了团队的规则，并在团队会议上召集大家进行讨论，形成了正式的文本规则，包括：（1）申请加入要填表格，说明身体状况，这个之前是没有的；（2）生死协定，在外发生意外，自己负责，如交通事故（队长可以出面交涉，请律师等）、身体突发状况；（3）本人要交照片；（4）居委会盖章；（5）设备、服装自理；（6）成立互助基金；（7）健康骑游，要对社会有责任，宣传绿色环保，队员都是志愿者、义工；（8）每月20日召开队会。团队还根据自身的资源建立随行医生和随行记者的制度，因为大多数人是老年人，每次外出都可能会产生各种风险，有随行医生的保障可以及时处理，使风险更加可控。随行记者制度则是请一位队员记录每次活动的情况，这样能完整记录团队的活动，也能在此基础上形成团队完整的发展轨迹。这些规范的建立能得到良好的执行，主要靠众多队员的相互监督，而不是丁伯一个人，当有人不遵守团队的规范时，如迟到、说一些不利于团结的话，便很快有一些积极的队员站出来制止，这是在团队规范基础上形成了较为完善的监督机制。这使团队规范执行和监督的成本很低，团队运转起来也非常顺畅，团队内也充满了正能量。

在团队运作中，丁伯还主导团队成立了互助基金，每个团队成员每月10元进入互助基金，并讨论形成了互助基金的管理办法。互助基金的成立主要是考虑到队员多是老年人，在外出活动或其他情况下，更可能发生身体不适的情况。这个基金可以实现互帮互助，现在主要用在团队成员生病后的看望，体现团队对队员的关心，让他们感受到队伍带来的温暖，这也能提高队员对团队的认同度。事实上，这是将团队的互惠以一种制度化的方式实现，是治理机制中的互惠机制。这是自组织治理进入较高阶段才会出现的。

皇马骑游队在发展初期便要求自己的队员能够投身到公益事业中。在团队的管理进入正轨后，丁伯很快便投入到社区的公益事业中去。2016年上海市环保局发出号召进行垃圾分类，丁伯也组织骑游队的成员响应号召，投身到环保和垃圾分类的宣传中，并组织队员在小区内捡垃圾。由于皇马小区位于地铁站附近，人流量和车流量很大，对周边的交通构成很大的压力，皇马骑游队的成员也投入到人流、车流的疏导工作中来，并建立了完善的值班制度，使地铁站的秩序得到了维持。这些工作都是义务的。

皇马骑游队是一个自娱自乐型文娱社区组织转型成社会服务型社区组织的良好范例。因为丁伯个人的组织意识，他在一开始就特别重视自治理机制的建立，随着会员的增加，组织转型为服务型社区组织。

二　如何有针对性地培训

从这四个案例可以看到自组织发展过程中不同的成熟阶段。自组织发展是永远在进行中的，所有案例中的自组织虽然在不同阶段，但都在成长。

从上述的案例中可以看到，社区自组织的发展都是一个或多个能人在其中发挥带动作用，只有能人真正动起来了，其他人才能跟着动起来。

从绿色基金和皇马骑游队的案例中可以看到，在自组织开始运作不久，规范的建立使自组织更加有序，尤其是绿色基金，其开始运作不久便需要有一定的资金使组织顺利发展，更需要及时围绕这些资源的使用建立自治理机制，否则容易在团队中引发争议。

水产村的故事则向我们揭示了认同的重要，危房改造、改善居住状况是小区居民达成的重要共识，有此认同才能推动社区自组织行动，也较容易形成有效的监督机制，这也是自组织发展中的重要一环。

此外，自组织的发展需要一定的资源供给，否则便会进入瓶颈期。皇马骑游队的成功离不开丁伯优秀的管理经验，在团队还没有扩大到非常大的规模时他便未雨绸缪，建立起完善的自治理机制，使其迅速地发展到自组织的高级阶段。通过对这些自组织案例的分析，对于在嘉定已经举办一年多的社区营造培训班，在后续培训中能够开展有针对性的培训，进而为自组织的发展提供合理化建议。

重建社区、进行社区营造、凝聚社区意识、激发社区自组织活力是当前中国大陆社区建设的关键内容。为此需要唤起居民的自我发展意识、激发社区自组织活力，同时需要社会有识之士带来理念与知识的更新；企业、政府和社会组织搭建起良性互动的桥梁，相互信任，以进行最优资源配置，助力社区营造实践。我们需要积极借鉴其他国家和地区成功的社区营造经验，也十分需要培训一批有志于投身社区营造的实务工作者，使其掌握社区建设的专业知识与技能——知识整合能力、社区融入能力、组织动员能力和团队建设能力。

应新时期的社会需求，通过社区营造培训、长期指导陪伴等方式，培养出能够投身社区社会服务、组织动员能力强、善于沟通分享的专业化社区营造者，形成由政府、社会组织、企业、社区组成的相互信任与合作的共同体，从而推动社区的可持续发展。新形式的培训能够将社区社会组织、基层政府机构、外来专业社会组织三方联合起来，在三天或五天的培训中，让他们学习新的知识，相互交流互动，根据本社区的优势资源而提出有意义的方案来。在此过程中，社区自组织能更好地培养专业能力、协作能力。基层政府也能深入地了解社区营造的理念、更好地引导社区自组织的成长。外来社会组织则可以凭借其专业能力辅导社区自组织走向更加专业的道路，更好地服务居民，其自身也能了解社区居民的需求和社会组织发展的动向。

社区自组织如果能够获得更新的社区营造的理论和实务的经验，并能得到社区工作者和外来专业社会组织的专业支持和指导，将在专业能力和实操能力上得到提升；专业社会组织取得社会服务外包资金后应该一对一、手把手地培育社区自组织，做"输血"性的工作。

协商社区治理方式的探索在嘉定区方兴未艾，很多社区自组织都对此表现出了浓厚的兴趣，希望竭己之力为本社区做出贡献。它们当中，很多已经成立多年，具备了丰富的实践经验，嘉定区的政府部门为了支持社区自组织投身社区，通过社区自治项目的申报给予资金上的支持。

通过社区自治项目的申报，社区自组织将得到其发展所需的一定资金，在获得这些资金进行社区持续的推进运作过程中，要有基于自组织发展的评估体系，重点在于每一个"种子"自组织能力、自治理能力以及社会服务能力的提升，基于这样的评估提供更多的资金与辅导，使之能够自我"造血"，永续存在，这样才能更好地服务社区居民，社区自组织自身也得以完善。

三　嘉定协商社区治理经验

嘉定区启动社区营造和社区建设多年，通过睦邻点和睦邻节的建设提供了肥沃的土壤，最近一年多来又启动了一系列的社区营造培训班，使得各个社区的自组织都得到很快的发展，为推动社区营造提供了重要的助力。但不同自组织由于不同的生长环境和客观条件有着不同的发展状况，走向自组织发展的不同阶段。嘉定区通过社区营造培训班的举办，介绍海内外社区营造的经验，有针对性地引导其不断前行。同时，培训班内能充分展开交流，可以对自组织发展状况进行有针对性的诊断，并提出解决办法。通过社区自治项目的开展，社区自组织能够根据社区需求提出自己的项目，自组织有一定的经费来做更多的事情，自组织也能够借此机会来扩大规模，锻炼自治理能力，建立或者进一步完善自治理机制。在社区自组织能力建设的基础上，引入社区营造型社会组织，能使社区自组织得到更加日常化、灵活的指导和培训。社区营造型社会组织的进驻，能更好地引导社区自组织的萌芽、成长、发展、成熟，在整个过程中，不断为这些"种子"浇水、施肥、除草，为它们的成长创造更好的条件。

嘉定区的社区营造正在培育一整套的工作流程，睦邻节与睦邻点为社区营造耕耘出一片沃土并撒下种子，社区营造正在路上。让"种子"们发芽、茁壮成长，随着它们的逐渐形成与完善，嘉定经验也一定能够引起更大的反响。

图书在版编目（CIP）数据

睦邻·自治·社区治理：上海嘉定区案例集／曾凡
木，赖敬予主编. -- 北京：社会科学文献出版社，
2017.11（2021.4 重印）

（社区营造专业教研书系. 本土案例系列）

ISBN 978 - 7 - 5201 - 1745 - 6

Ⅰ.①睦… Ⅱ.①曾… ②赖… Ⅲ.①社区建设 - 研
究 - 嘉定区 Ⅳ.①D669.3

中国版本图书馆 CIP 数据核字（2017）第 273183 号

社区营造专业教研书系·本土案例系列

睦邻·自治·社区治理
—— 上海嘉定区案例集

主　　编／曾凡木　赖敬予

出 版 人／王利民
项目统筹／谢蕊芬
责任编辑／陈之曦　佟英磊　吕心翠

出　　版／社会科学文献出版社·群学出版分社（010）59366453
　　　　　地址：北京市北三环中路甲 29 号院华龙大厦　邮编：100029
　　　　　网址：www. ssap. com. cn
发　　行／市场营销中心（010）59367081　59367083
印　　装／北京玺诚印务有限公司

规　　格／开　本：787mm × 1092mm　1/16
　　　　　印　张：17　字　数：187 千字
版　　次／2017 年 11 月第 1 版　2021 年 4 月第 4 次印刷
书　　号／ISBN 978 - 7 - 5201 - 1745 - 6
定　　价／69.00 元

本书如有印装质量问题，请与读者服务中心（010 - 59367028）联系